KB210812

대한민국
재건을 위한
명령

대한민국 재건을 위한 명령

초판 1쇄 발행일 2025년 3월 28일
초판 5쇄 발행일 2025년 4월 21일

지은이 박형준
발행인 조윤성

발행처 ㈜SIGONGSA **주소** 서울시 성동구 광나루로 172 린하우스 4층(우편번호 04791)
대표전화 02-3486-6877 **팩스(주문)** 02-598-4245
홈페이지 www.sigongsa.com / www.sigongjunior.com

글 ⓒ 박형준, 2025

이 책의 출판권은 ㈜SIGONGSA에 있습니다. 저작권법에 의해
한국 내에서 보호받는 저작물이므로 무단 전재와 무단 복제를 금합니다.

ISBN 979-11-7125-808-6 03340

*SIGONGSA는 시공간을 넘는 무한한 콘텐츠 세상을 만듭니다.
*SIGONGSA는 더 나은 내일을 함께 만들 여러분의 소중한 의견을 기다립니다.
*잘못 만들어진 책은 구입하신 곳에서 바꾸어 드립니다.

┌ **WEPUB** 원스톱 출판 투고 플랫폼 '위펍' _wepub.kr ┐
위펍은 다양한 콘텐츠 발굴과 확장의 기회를 높여주는
SIGONGSA의 출판IP 투고·매칭 플랫폼입니다.

대한민국
재건을 위한 명령

박형준 지음

SIGONGSA

글을 시작하며

지금 우리나라는 정치 리더십을 재수립하는 과정에 있습니다. 나라의 혼란을 생각하면 이 과정을 최대한 짧게 하는 것이 좋지만, 리더십의 신속한 재건 못지않게 중요한 것은 올바른 리더십의 재건입니다. 저는 이 소책자에서 향후 대한민국이 어떤 리더십을 구축해야 하는지, 어떤 국가적 과업을 수행해야 하는지에 대해 살펴보고자 합니다.

리더십이란 철학, 이념, 비전, 통찰력, 정치력, 전략 능력, 관리 능력, 공감 능력, 소통 능력, 문화적 안목 그리고 도덕성 등을 아우르는 개념입니다. 이를 아리스토텔레스는 탁월함(Arete)이라는 용어로 집약했고, 마키아벨리는 지도자의 미덕(Virtu)으로 내세웠습니다. 이 시대는 탁월함의 미덕을 갖춘 리더십을 원하고 있습니다. 대한민국이 그만큼 위태로운 지경에 있기 때문입니다.

국가는 믿음과 가치의 총체입니다. 유발 하라리(Yuval Harari) 식으로 말하면 국가는 스토리텔링에 의해 구축된 공동체입니다. 그리고 이 공동체를 이끄는 중심 이념이 반드시 존재하기 마련입니다. 흔히 이념이 무슨 소용이냐며 탈이념이 바람직한 것처럼 말하는 사람들이 있지만 이는 허구입니다. 지금도 세상은 온통 이념 전쟁입니다. 미중 갈등도 중동전쟁도 우크라이나 전쟁도 결국은 이념의 차이가 적대로 표출된 것입니다.

생각과 믿음이야말로 인간을 움직이는 가장 강력한 힘이라는 사실은 예나 지금이나 변함이 없습니다. 이념의 내용이 시대에 따라 변하는 것뿐입니다. 특히 정치인이나 정당이 탈이념 실용을 주장하는 것은 자신의 이념을 숨겨야 할 이유가 있거나 아니면 자신의 정체성이 뿌리 없음을 고백하는 것과 다름없습니다. 실용은 방법론으로서 필요하고 중요한 것이지만, 그것은 이념에 기반을 둔 실용일 수밖에 없습니다.

이 시점에 대한민국의 주류를 구성해온 보수 정치는 또 한 번의 위기를 맞았습니다. 대한민국 수립과 산업화 민주화를 이끌어온 보수 정치는 시대마다 성과와 함께 얼룩을 만들곤 했습니다.

이 얼룩들이 보수를 '성찰하는 보수'로 거듭나게 하는 계기이기도 했습니다.

한국의 보수는 지키는 보수가 아니라 진취적 보수, 그리고 성찰하는 보수의 전통을 갖고 있고 이를 소중한 전통으로 삼아야 합니다. 이 성찰은 이념적 성찰에서 출발해야 합니다. 그 방법은 대한민국 보수의 이념은 무엇이고 과연 보수 정당은 그것에 충실했는가를 되묻는 것입니다.

보수의 이념은 정확히 헌법의 이념, 헌법의 가치와 일치해야 합니다. 우리 헌법은 자유, 민주, 공화의 이념에 기초해 있습니다. 원래 근대 자유민주주의는 자유, 민주, 공화의 역동적 균형 위에 세워져 있습니다. 우리가 거의 비슷한 뜻으로 섞어 쓰기도 하는 이 이념들은 사실 서로 다른 내용을 가지고 있을 뿐만 아니라 심지어 갈등하기도 합니다.

자유는 원래 개인, 소수, 약자를 권력과 다수의 횡포로부터 보호하려는 데서 출발했습니다. 양심의 자유는 역사적으로 소크라테스라는 한 사람이 아테네 시민 전체와 맞선 것에서 비롯했습니다. 근대적 자유는 다수 가톨릭에 대한 소수 프로테스탄트의 종교의 자유에서 비롯했습니다.

민주 역시 고대 아테네 솔론의 개혁이 암시하듯이 자유와 비슷하게 약자에 대한 보호에서 출발했지만, 그것은 어원적으로나 현실적으로나 다수의 지배이자 대중의 지배입니다. 그 자연스러운 논리적 귀결로 민주는 평등의 에토스를 내포하고 있습니다. 따라서 민주를 다수의 지배로만 간주하는 경우 소수의 자유를 억누를 가능성을 내포하고 있으며, 이는 아테네 몰락기의 중우정치나 프랑스혁명 이후의 공포정치, 그리고 오늘날 민주주의를 형식적으로 내걸고 있는 모든 전체주의 체제에서 발견됩니다.

그래서 미국의 건국의 아버지들은 직접민주주의가 지닌 소수억압의 위험성을 피하기 위해 상하원에 기초한 대의민주주의와 삼권분립이라는 장치를 고안했습니다. 미국 헌법은 13개 주의 정치적 타협물로서 미국 정치의 역사적 특수성을 반영하고 있지만, 동시에 하나의 연방국가가 어떤 이념에 기반하고 그 이념을 구현할 실질적 제도들을 어떻게 구축할 것인가에 대한 치열한 성찰과 논쟁의 결과물이었습니다. 알렉산더 해밀턴, 제임스 매디슨, 존 제이 등이 저술한 85개의 연방 논설은 그 지적 치열함을 여실히 보여주고 있습니다.

이 미국 헌법의 정신에 자유와 민주의 가치를 조화시킬 수 있는 매개 가치로 녹여져 있는 것이 바로 공화의 가치입니다. 미국 헌법의 영향을 크게 받은 대한민국 헌법에도 이 공화의 가치가 중심 가치로 설정되어 있습니다. 대한민국은 민주공화국인 것입니다. 공화는 '공적인 일(res publica)'이라는 어원에서 알 수 있듯이 군주나 독재자 일인에 의한 권력의 사적 사용에 대한 반대를 뜻합니다. 일인 지배에 대한 반대라는 점에서 공화는 민주와 통하지만 정확히 일치하지는 않습니다.

공화가 주장하는 다수의 지배는 다수가 합의한 객관적 규칙에 의한 통치이며, 일단 합의되면 그 규칙이 통치의 기본 준칙이 됩니다. 그 규칙이 법입니다. 자유민주주의 체제에서 법치가 그토록 강조되는 이유가 바로 이 공화의 이념에서 나오는 것입니다. 권력은 이 법에 따라 공적으로 행사되어야 합니다. 따라서 인민주권에 기초한 민주 이념에서는 이론적으로 인민이 법 위에 서 있는 반면, 공화 이념에서는 법이 일인이든 다수든 사람 위에 서 있습니다.

이상에서 보듯이 자유는 소수의 논리, 민주는 다수의 논리, 공화는 다수 공존의 논리라고 할 수도 있습니다. 이러한 긴장 때문에 자유, 민주, 공화의 원형은 이미 고대 아테네에서 출현했지만, 근대 자유민주주의 체제가 정착할 때까지 이 이념들은 안정적 균형상태를 이루지 못했습니다. 심지어 이 이념들은 현대 민주주의 국가들에서도 드물지 않게 긴장을 일으키며, 성숙한 자유민주주의 체제에서만 동태적 균형을 이뤄낼 수 있습니다.

정치 양극화가 깊어지는 현대 민주주의 국가들의 일반적 상황을 보나, 탄핵이 주기적으로 반복되는 우리나라의 특수한 상황을 보나, 우리가 특히 강조해야 할 것이 공화의 이념입니다. 공화는 공적 권력의 공적 사용을 내포하고, 자연히 법치와 협치를 수반합니다. 하지만 극단적 정치 양극화 속에서 지금까지 협치를 떠받쳐 왔던 상호 관용과 제도적 자제의 민주 규범들은 붕괴하고 있고, 권력의 일방적 독주를 위해 '법의 지배' 대신 '법에 의한 지배'가 일상화됩니다.

우리의 상황은 더욱 심각합니다. 우리나라의 대통령 권력이 공화의 원리인 '권력의 절제된 공적 사용'에서 자주 일탈하는 것은 어제오늘의 일이 아닙니다. 대한민국 리더십 공백을 가져온 비상계엄도 의도와 취지가 무엇이었든 간에 권력의 절제된 공적 사용에서 일탈했다는 것은 부인할 수 없습니다.

하지만 그와 동시에 입법 권력의 남용도 지적하지 않을 수 없습니다. 의회가 공화주의 정신에 따라 운영되도록 하기 위해 대한민국 국회는 교섭단체 간의 협의와 합의를 중심 운영 원리로 삼아 왔습니다. 국회법에 그것이 명시되어 있습니다. 국회선진화법은 양당제 아래에서의 지나친 정치적 갈등과 분열을 막기 위한 입법이었습니다. 하지만 180석 이상을 거머쥔 야당은 이런 정신을 깡그리 무시했습니다.

심지어 지난 국회에서는 게임의 규칙인 선거법마저 일방적으로 통과시켰고, 이번 국회에서는 불과 1년도 되지 않아 윤석열 정부 관료에 대해 무려 29차례나 무차별적으로 탄핵소추안을 발의해 13건을 본회의에서 처리했습니다. 이 정부 전에 탄핵 심판이 이루어진 경우는 현대사를 통틀어 3건밖에 없었습니다. 탄핵소추안의 대부분이 정당한 사유 없이 정략적 의도에서 나왔다는 것은 헌법재판소의 연이은 기각에서 확인됩니다.

대통령 권력과 의회 권력이 모두 공화주의에서 벗어나 있는 나라는 국민이 주인인 나라가 아니라 권력자가 주인인 나라입니다. 그것은 더 이상 대한민국 헌법이 규정하는 민주주의가 아닙니다. 공화주의의 부활 없이는 올바른 국가 리더십을 세울 수 없습니다. 공화주의를 제도적으로 공고화하고 또 마음의 습관으로 삼지 않으면 우리 정치 리더십은 탄핵의 악순환에 빠져 주기적으로 국민과 국가의 운명을 나락에 빠뜨릴 것입니다.

공적 권력의 공적 사용이 협치와 국민통합의 기반이 되고 그리하여 국민의 에너지를 최대화할 수 있다는 점도 잊어서는 안 됩니다. 위기 극복의 처방전에 첫 번째로 올라가야 할 정치적 덕목은 공화입니다. 제가 이 책의 결론부에서 제시하는 '합작 리더십'을 떠받

치고 있는 것도 공화의 원리입니다. 합작 리더십은 곧 공화의 리더
십입니다.

차례

왜 리더십인가?

:

대한민국의 위기는 곧 리더십의 위기입니다. 국가는 지극히 현실적 존재입니다. 힘과 이익의 각축장인 국가 간 관계에서 자신을 지키고 확장할 수 있어야 국가는 존재의의가 있습니다. 국가의 구성원인 국민들의 생명과 자유와 행복을 증진할 수 있을 때 국가는 존재이유가 있습니다. 이 두 가지를 못 하면 국가는 위기에 빠집니다.

나라의 위기라 할 때 우리는 크게 세 수준의 위기를 상정할 수 있습니다. 첫 번째는 나라의 존립 자체가 위태로운 위기입니다. 일제에 나라를 뺏겼던 19세기 말과 20세기 초의 위기, 어렵게 세운 대한민국이 공산화될 뻔했던 1945년에서 53년까지의 위기가 그것입니다.

두 번째 수준은 기껏 쌓아 올린 국가적 성취가 충격적으로 주저앉는 위기입니다. 1997년 외환위기 같은 것이 대표적인 예일 것입니다.

세 번째 수준은 국가가 시대의 흐름을 타고 앞으로 나아가지 못하고, 구조적 문제들의 해결 능력을 잃으면서 중장기적 침체에 빠져 국력이 소진되는 위기입니다. 이웃 일본의 '잃어버린 30년'에서 우리는 그것을 목도했습니다. 그리고 우리도 똑같은 길을 걷지 않을까 깊이 우려되는 상황입니다.

하지만 현재 우리가 겪고 있는 위기는 이런 세 번째 수준의 위기에 그치는 것이 아니라 첫 번째 두 번째 수준의 위기로까지 상승하고 있는 형국입니다. 이런 위기를 낳은 중요한 요인의 하나로 우리는 기존 국가 리더십의 한계를 지적하지 않을 수 없고, 동시에 이런 위기를 극복하는 것도 결국은 국가 리더십에 있다는 점을 강조하고 싶습니다.

그러므로 지금은 우리에게 가장 중요한 어젠다들이 무엇이고, 이런 어젠다들을 해결하기 위해 어떤 리더십이 필요한가, 그리고 그 리더십은 어떤 방식으로 구현되어야 하는가를 성찰할 시점입니다. 특히 또 한 번의 위기를 맞고 있는 한국의 보수가 가져야 할 기본 인식은 무엇이고, 이것이 민주당 등 상대 세력과 어떻게 차별화될 수 있는가를 분명히 할 필요가 있습니다.

이러한 질문들에 답하는 과정에서 대한민국의 재건을 위한 명령들이 도출될 것입니다. 그리고 이 명령들을 우리의 공동 강령으로 삼을 수 있을 것입니다.

동맹을 강화하고
글로벌 연대로
나아가는 리더십을!

1

근현대에 우리나라의 운명을 가른 것은 세 번의 세계 패권 경쟁이었습니다. 첫 번째 패권 경쟁은 19세기 말 20세기 초에 찾아왔습니다. 그때는 급진적 과학기술혁명 및 확장적 자본주의와 함께 영토, 인력, 자원을 식민지를 통해 확보하려는 제국주의 경쟁이 기승을 부릴 때였습니다. 아시아에서는 영국과 러시아의 그레이트 게임이라 불리는 패권 경쟁이 치열할 때였습니다.[1] 영국은 지지 않는 태양이었고 러시아는 힘은 세지만 낡은 제국이었습니다. 이미 근대화혁명을 이룬 일본은 영국과 제휴해 러시아

---

1 러시아는 남하해 부동항을 확보하기 위해 중앙아시아와 인도양 진출을 노렸고 영국은 이를 막기 위해 아프가니스탄 등을 속국으로 만들며 다른 강대국과 협력해 러시아를 견제하면서 벌어진 패권 경쟁이었습니다.

를 제압하고 그 기세를 몰아 아시아 제국주의의 길로 들어섰습니다. 세상이 어떻게 돌아가는지 감도 못 잡고 있던 조선의 위정자들은 좌충우돌했고, 대한제국의 리더십으로는 나라를 지킬수 없었습니다. 무지와 무능이 나라를 식민지로 만들었습니다.

나라가 해방된 것도 패권 전쟁의 결과였습니다. 제2차 세계대전은 파시즘과 반파시즘 패권 전쟁이었습니다. 파시즘의 패배와 연합국의 승리가 해방을 가져왔지만 얼마 지나지 않아 미소 패권 경쟁, 즉 자유진영과 공산진영의 체제 대결이 우리의 운명을 가릅니다. 이 패권 경쟁에서 소련을 등에 업은 김일성 리더십과 미국을 등에 업은 이승만 리더십이 일대 대결을 벌였습니다. 이승만의 선택이 김일성의 선택보다 옳았다는 것은 역사가 증명했습니다.

오늘날 대한민국 좌파들의 역사인식의 착종은 이를 승복하지 못하는 데서 비롯합니다. 그들의 왜곡된 역사인식은 이승만이 친일파를 등용해서 일제 청산을 제대로 못하고 이후 독재로 빠졌는데 왜 이승만이 세운 대한민국에 정통성을 부여해야 하느냐는 지극히 비현실적이고 비역사적인 인식에 바탕을 두고 있습니다. 당시 큰 틀의 싸움은 한반도의 공산화를 받아들이느냐, 아니면 자유진영의 일원으로 새 나라를 건설할 것이냐를 둘러싼 싸움이었습니다.

이승만의 건국 투쟁에서 나타난 흠집들이 대한민국을 건설해 이후 놀라운 발전의 토대를 구축한 기획의 근원적인 정당성을 훼손할 수는 없습니다. 이승만이 당시 이미 국가를 건설한 친소 북한을 상대로 대한민국을 건설하고 지켜낸 공은 그의 과로 지울 수 없는 것입니다.

이승만은 국제정세를 아는 거의 유일한 지도자였습니다. 그 바탕 위에 현실주의적인 국가전략으로 대한민국을 세우고 국제 사회의 지원을 끌어내 전쟁의 위기에서 탈출하고 한미상호방위 조약이라는 강력한 한미동맹 체제를 맺은 것은 이후 대한민국과 북한의 체제 경쟁에서 압도적인 우위를 갖는 토대가 되었습니다. 결국 국가 리더십은 역사적인 맥락에서의 국가 발전의 결과와 성취로 평가받아야 합니다.

지금은 역사적으로 세 번째 패권 경쟁의 시대로 접어들고 있습니다. 소련이 무너진 이후 20여 년간 세계는 평평했고, 글로벌 자유주의 시대가 만개했습니다. 이 자유주의적 질서가 한국에게는 국운이 열리는 시기였고, 제조업 수출 강국의 새로운 지평이 열리는 시기였습니다. 디지털 대전환과 함께 찾아온 이 시기에 대한민국은 중진국 가운데서 도시국가들 빼고는 가장 빨리

성장했고 선진국으로 도약할 수 있었습니다.

또한 같은 시기에 중국은 자본주의에 올라타 놀라운 고도성장을 이뤄냈고, 급기야는 세계 2위의 경제 강국으로 부상해 미중 패권 경쟁의 무대를 열었습니다. 이제 신기술 영역과 글로벌 시장 자체가 패권 경쟁의 무대가 되고 있습니다. 중국은 AI, 양자기술, 반도체, 자율주행차, 6G뿐 아니라 전기차, 전자제품, 이차전지, 조선, 철강 등 전통 제조업과 그에 연결된 신산업 분야에서 이미 퍼스트 무버를 노리고 있고, 미국은 미국 시장과 세계 시장에 대한 중국의 지배력을 큰 위협으로 보고 있습니다.

미국은 80년대 플라자 합의를 통해 일본을 제어했고, 디지털 플랫폼 경쟁의 승리로 EU를 제어한 바 있지만, 지금 중국을 제어하는 것은 그보다 훨씬 어렵다고 보고 있습니다. 그래서 더 강력한 수단을 강구하지 않을 수 없습니다. 더욱이 중국은 일본이나 EU와 달리 동일한 가치권 내의 국가가 아니라 체제가 다르고 역사적 문화를 달리하고 있다는 점에서, 현재의 미중 패권 경쟁은 일종의 문명 충돌 양상을 띠고 있고 그만큼 더 강한 적대성을 내장하고 있습니다.

중국은 여전히 공산당이 지배하고 있고, 도광양회(韜光養晦)의 자세로 칼을 숨기고 있었을 뿐 패권에 대한 욕심을 버리지 않고 있습니다. 중국공산당은 2021년 11월 시진핑 사상을 현대 '중국의 마르크스주의이자 21세기 마르크스주의'임을 천명했고, '세계를 가슴에 품다'라는 뜻을 가진 흉회천하(胸懷天下)도 내세웠습니다. 미국에 대해서도 필요하다면 끝까지 싸우겠다는 함의를 가진 추시(追是, 올바름을 좇는다)를 강조해 왔습니다.

이에 대한 미국의 태도도 단호합니다. 2024년 미국 대선을 앞두고 헤리티지 재단 등 80여 개 보수 단체가 함께 집필한 〈리더십을 위한 지침: 보수의 약속〉(Mandate for Leadership: The Conservative Promise)에서 중국을 "전략적 파트너 혹은 공정한 경쟁자가 아니라 미국의 전체주의적 적"이라고 규정하고 있습니다.

존 미어샤이머(John Mearsheimer)를 비롯한 미국의 현실주의적 전략가들은 중국 문화 자체에 내재해 있는 패권주의적 속성에 주목하며, 이는 단순히 마르크스-레닌주의의 부산물이 아니라 강력한 민족주의에 추동되고 있다고 봅니다. 따라서 미중 패권 경쟁을 이념과 정치 체제의 대결을 넘어 문화와 문명의 대결로 인식하고 있습니다.

신냉전은 불가피해졌습니다. 이 패권 경쟁은 경제 패권 경쟁 요소를 한가운데 놓으면서도 이데올로기와 문명의 충돌이기도 하다는 점에서, 군사력과 이데올로기 중심이었던 미소 패권 경쟁보다 더 중층적인 양상을 보이고 있고 시간적으로도 장기화할 개연성이 높습니다.

미소 패권 전쟁 때와 마찬가지로 한반도는 지정학적 약한 고리입니다. 한국은 대륙세력과 해양세력 사이에 끼인 나라이고 여전히 체제 대결에 의해 적대적 분단이 고착화되어 있습니다. 게다가 북한이 사실상 핵보유국이 되면서 이 약한 고리의 불확실성은 한층 높아졌습니다.

그레이엄 엘리슨(Graham Allison)이 《예정된 전쟁》에서 투키디데스의 함정으로 인한 미중 전쟁이 일어난다면 한반도가 주요 전장이 될 수 있다고 한 것은 일리 있는 예측입니다. 대만 사태와 연계해서 본다면 더욱 그럴 가능성에 주목하지 않을 수 없습니다.

그런 한편으로 이번 패권 경쟁이 미소 패권 경쟁보다 더 복잡한 이유는 경제 때문입니다. 지난 글로벌 자유주의 시대를 거치면서 한국과 중국의 경제는 매우 밀접히 얽혔습니다. 한때는 한국의 주요 산업이 모두 중국에 투자했고, 중국은 한국의 중간재와 완제품의 주요 시장이었습니다. 하지만 중국이 모든 산업에서 맹추격을 하고 급기야 디지털 신산업을 비롯해 한국의 산업들을 넘어서는 순간까지 다가오면서 이 관계는 이제 분업에서 경쟁으로 급속히 바뀌어 가고 있습니다. 글로벌 자유질서가 지속된다면 오히려 한국이 1990년대, 2000년대 초의 일본 꼴이 날 것이라는 전망이 상당한 설득력을 가질 정도입니다.

미중 패권 경쟁이 한국경제에 미치는 영향도 이중적입니다. 한편으로 미중 패권 경쟁 속에 한국에 새로운 기회가 열리는 측면이 있습니다. 반도체, 방위산업, 원자력, 조선업 등은 득을 볼 수 있습니다. 다른 한편 디커플링의 한계가 뚜렷한 중국 무역 의존 제품과 산업의 경우 샌드위치 신세를 면치 못할 수도 있습니다.

미소 패권 경쟁 시대가 무기 경쟁을 중심으로 이데올로기적 영향력 확대를 꾀했다면, 미중 패권 경쟁 시대는 AI 첨단기술과 주요 산업에서의 경제 패권 경쟁을 중심으로 하이브리드 각축 형태를 띠고 있습니다. 두 시대는 성격이 근본적으로 다르고, 패권 경쟁에 얽혀 있는 한국도 보다 고도화된 국가전략을 요구받고 있습니다.

더욱이 이런 상황에서 등장한 트럼프 정권이 기존의 관념에 일으키고 있는 변화의 파고를 제대로 이해하는 것이 매우 중요합니다. 트럼프주의는 국제적인 규칙과 다자간 협상 기구를 매개로 한 글로벌 자유질서에 대한 불신에서 출발합니다. 이 질서가 미국에게는 국력 낭비를, 중국에게는 엄청난 기회를 주었고, 동맹국들에게 기회주의적인 기생성을 심었다는 것이 트럼프주의의 상황 인식입니다. 미국 중심주의(MAGA)는 세계질서를 주도하는 미국의 패권적 힘을 유지하는 동시에 미국 국가 이익을 극대화하겠다는 선언입니다.

서울대 전재성 교수는 트럼프 정책의 패키지를 이렇게 정리합니다. 경제적 민족주의와 압도적 군사력에 의해 뒷받침되는 협상에 의한 평화, 다자주의보다는 일방주의에 기초한 외교 정책, 광범위한 규칙 기반 외교보다는 거래적 외교를 통한 미국 국익의 극대화, 이를 위한 국내 정치 환경 조성 등이 트럼프 정책의 핵심이라는 것입니다.

이런 대외 정책을 통해 미국은 중국을 강력히 견제하는 동시에 동맹을 압박해 실리를 취하고, 세계 곳곳의 전쟁을 미국 주도로 종식시켜 국력의 낭비를 막는다는 전략을 실행하고 있습니다. 트럼프주의의 궁극적 전략 목표가 무엇인지는 아직 분명히 정의할 수는 없지만, 중국 못지않게 긴장하지 않을 수 없는 나라들이 전통적인 동맹국들입니다. 이미 캐나다, 멕시코, 서유럽, 일본, 그리고 한국이 '미국에 얻어갈 생각만 하지 말고 당신들도 내놔라'는 명령의 타깃이 되고 있습니다.

이런 상황에서 가장 절실한 것이 올바르면서도 효과적인 국가

전략을 펼칠 수 있는 리더십입니다. 역시 가장 중요한 전제이자 원칙은 한미동맹이 시험에 들더라도 이를 흔들리게 해서는 안 된다는 것입니다. 미국에게는 대중 관계가 외교의 최우선순위라는 점이 한국의 전략적 가치를 낮출 것이라고 생각하기 쉽지만 사실은 한국의 전략적 가치를 올립니다. 주한미군의 존재는 대한민국을 위해서도 필요하지만 미국을 위해서도 매우 높은 전략적 가치를 지니고 있습니다. 또한 한국은 미국이 필요로 하는 안보 관련 전략산업과 기술동맹에서 중요한 파트너입니다.

이러한 우리의 전략적 가치를 지렛대 삼아 미국의 관세 압박이나 투자 요구에 유연하게 대응하는 동시에 핵우산 강화와 한미동맹의 전략적 가치를 높이려는 협상에 적극 나서야 합니다. 일시적 갈등이나 의견 불일치가 동맹의 가치를 훼손하도록 방치해서는 안 됩니다.

역사적으로 최강국과 이에 도전하는 강국이 패권 전쟁을 벌일 때 중간 국가들에게는 누구와 동맹할 것인가가 국가의 운명을 가를 결정적 판단이 됩니다. 지난 70년 대한민국의 성공은 패권적 지위를 유지할 국가와 효과적으로 동맹했기 때문에 나라의 생존과 이익을 지킬 수 있었습니다. 역사적으로 패권 전쟁에서 약한 편과 제휴해서 재앙을 입은 나라들이 수없이 많습니다.

이를 중요한 교훈으로 삼아야 합니다.

힘의 관계를 바탕으로 한 동맹이자 가치와 지향을 함께하는 나라와의 동맹이라면 지속 가능한 동맹일 수 있습니다. 2차 패권 경쟁과 마찬가지로 3차 패권 경쟁도 기본적으로 체제 경쟁의 성격을 지니고 있습니다. 자유민주주의 체제와 공산당 일당 체제의 대립인 것입니다. 따라서 가치와 이념이 여전히 중요할 수밖에 없습니다. 북한과의 체제 대립으로 분단 역사를 지속하고 있는 대한민국으로서는 자유민주주의 가치동맹을 중시하지 않을 수 없습니다.

이 가치동맹을 명확히 해야 문명 충돌의 국면에서 중국의 강력한 민족주의(중화주의)에 대항할 수 있습니다. 2017년 시진핑이 트럼프와의 회담에서 "한국이 실제로 중국의 일부"라고 말한 것으로 알려졌는데 이는 중국의 속내를 드러낸 것입니다. 이미 동북아공정을 준비해온 중국은 북한의 변고가 있을 때 북한을 자기 영토에 편입하고자 하는 야욕을 언제든지 드러낼 수 있습니다. 이를 막기 위해서도 우리는 가치동맹을 강화할 필요가 있습니다.

예측할 수 있는 장래에 미국과 중국의 패권 순위가 바뀔 가능성은 거의 없습니다. 더욱이 미중 갈등이 불가피하게 확대될 수밖에 없는 상황에서 한미동맹을 더욱 강화하고 고도화하는 것은 필연적 선택입니다. 물론 이 과정에서 우리는 미국이 하라는 대로 하는 것이 아니라 우리의 협상력을 높여 실익을 챙기는 외교적 리더십을 발휘해야 합니다. 이승만 대통령과 박정희 대통령이 보여주었던 뚝심 있는 외교력이 요구됩니다.

대미관계를 어떻게 풀어 가느냐에 따라 결과는 매우 달라질 것입니다. 특히 트럼프 대통령과 트럼프 행정부를 뒷받침하는 세력(기독교 복음주의 세력, 빅테크 세력, 보수 전략 그룹)은 동맹국들에게 단호한 태도와 더불어 상호주의적인 기여를 요구하고 있습니다. 이 상황에서 미중 사이의 애매한 양다리 걸치기나 과거의 반미 정서를 벗어나지 못한 채 어정쩡한 태도를 취하는 것은 실용주의가 아니라 스스로 샌드위치 신세를 자초하는 것입니다. 한미동맹이 양국의 헌법 가치(자유 민주 공화)에 입각한 가치동맹임도 우리가 먼저 주도적으로 강조하고 천명할 필요가 있습니다.

현재 대한민국이 선택할 수 있는 국가전략은 결국 세 가지 길밖에 없습니다. ① 친미에서 친중으로의 전환을 추구하는 길, ② 패권 경쟁 속에서 어디에도 치우치지 않는 균형적 위치를 찾는 것이 가능하다고 믿고 양다리를 걸치는 길, ③ 오늘의 대한민국을 만든 해양세력의 일원으로 한미동맹을 기초로 한미일 삼각협력과 아시아태평양 연대를 추구하면서 중국과 상호주의 실용외교를 펼치는 길.

①이 과거 운동권 세력의 노선이었고, ②는 노무현, 문재인 정권에서 실험되었던 노선이었고, ③은 대한민국의 주류 노선이었습니다. 지금이야말로 ③의 노선이 다시 한번 강조되어야 할 국면입니다. 어설프게 여기서 땡큐, 저기서 셰셰 하는 양다리 걸치기를 실용주의로 착각하는 것이야말로 미국에게는 배신감을 주고 중국에게는 조롱받는 노선이 될 것입니다.

문재인 정부의 외교가 이 모습을 명확히 보여주었습니다. 사드 배치와 관련한 어정쩡한 태도로 인해 미국 중국 양쪽으로부터 욕먹는 신세가 되어야 했고, 북한의 환심을 사 핵무기 개발을 저지할 수 있다는 낭만주의적 접근은 미국 일본 중국 모두로부터 불신을 초래했습니다. 그 시간에 북한의 핵미사일 능력은 급속하게 고도화되기만 했습니다.

이 3차 패권 경쟁 시대에 민주당이 집권해 문재인 노선을 답습한다면 그 결과는 재앙적일 것입니다. 우리가 세계 민주주의 진영에서 벗어나게 되면, 반도체, 원자력산업, 방위산업, 조선업, 자동차 등 그나마 미중 패권 경쟁에서 기동 공간을 갖는 한국의 주력 산업은 큰 타격을 받을 것입니다. 첨단기술 협력 네트워크에서도 소외될 가능성이 큽니다.

하지만 민주당의 외교 노선은 우리를 불안하게 합니다. 민주당이 어떤 시각을 갖고 있는가는 탄핵소추서에서 분명히 나타났습니다. "가치외교라는 미명 하에 지정학적 균형을 도외시한 채 북한과 중국, 러시아를 적대시하고, 일본 중심의 기이한 외교 정책을 고집하며 일본에 경도된 인사를 정부 주요 직위에 임명하는 등의 정책을 펼침으로써 동북아에서 고립을 자초하고 전쟁의 위기를 촉발시켜 국가 안보와 국민 보호 의무를 내팽개쳐 왔다." 윤석열 대통령의 탄핵 이유로 든 것입니다. 민주당이 외교 정책을 탄핵 사유로 삼은 것도 비상식적이지만, 힘에 의한 현상 변경을 시도하는 전체주의 국가들에 사실상 동조하고 있는 것이 놀라울 뿐입니다.

민주당은 중국과의 관계도 좋아야 한다고 주장합니다. 우리도 찬성합니다. 그런데 민주당이 다 말하지 않는 것이 있습니다. 중국과의 관계를 좋게 하기 위해 미국과의 관계를 훼손하는 것도 마다하지 않는다는 것이 그것입니다. 우리도 미국과의 관계를 더 중시하면서 중국과의 관계가 더 나빠지지 않게 하는 방법을 찾고자 합니다. 하지만 그것이 결코 쉽지 않은 과제임을 인정해야 합니다. 미중 갈등이 더 심화되고 선택을 강요받을 때 한국이 중국 편에 서기란 거의 불가능하기 때문입니다.

하지만 우리는 70년 전에는 상상도 할 수 없었던 국력을 가지게 되었고 우리가 더 노력한다면 G7에도 이를 수 있는 위치에 이르렀습니다. 미국의 국제 문제 전략가 빅터 차(Victor Cha)는 한국이 힘이 없으면 지정학적 압력이 한국을 좌지우지하지만, 힘이 있으면 한국이 주변국에 힘을 행사할 수 있다고 말합니다. 설득력이 있습니다.

중국과의 관계가 실용적으로 될 수 있는 방법은 중국이 우리와의 관계를 평화적으로 그리고 경제적 실용주의에 입각해 좋게 가져가는 게 자신의 이익에 부합한다고 느끼도록 하는 데 있습니다(최근 이런 양상이 일부 나타나고 있습니다). 그런 전제 위에 우리는 중국과 실용외교와 통상외교를 펼쳐갈 수 있습니다. 이를 위해서 일본과의 협력 관계를 강화하고 러시아와의 관계를 회복하는 것이 외교적 경제적 레버리지로서 더욱 중요해질 것입니다.

또 하나 명심해야 할 점은 앞으로 러시아와의 관계 회복 문제가 중요한 외교 논점이 되리라는 것입니다. 이번 우크라이나 전쟁으로 인해 러시아-북한의 관계가 크게 격상되었지만, 전쟁이 끝난 후 우리는 국익과 국가전략 차원에서 러시아와의 관계 회복을 적극적으로 모색해야 합니다. 경제적으로도 러시아는 한국과 상호보완적인 측면이 많습니다. 에너지와 자원, 북극항로 개척, 극동 개발 등 협력할 프로젝트가 쌓여 있고, 북한에 대한 외교적 레버리지를 만들기 위해서도 관계 회복이 필요합니다.

요컨대 지금 시대와 문명의 갈림길에 선 시점에서 어떤 대외적 국가전략을 가지고 리더십을 발휘할 것인가는 대한민국의 운명을 좌우할 만큼 중요한 문제입니다. 우리 국민들이 바른 선택을 할 수 있도록 주도권을 발휘해야 할 의무가 보수와 중도의 정치인들에게 있습니다. 제3차 패권 경쟁 시대에 국가 노선을 분명히 하지 않고 그릇된 노선을 제시하는 것은 국가의 앞날에 먹구름을 드리우는 일입니다.

애매한 절충주의나 양다리 걸치기는 스스로를 더욱 궁지에 모는 일입니다. 미국으로부터 경시되고 중국에게는 조롱받고 일본에게는 외면당하고 북한에게는 이용당하는 그 일을 반복해서는 안 됩니다. 지금의 민주당이 집권하면 바로 이 모습이 될 것이기 때문에 많은 국민들이 불안해하고 우려하는 것입니다. 패권 경쟁이 더욱 격렬해지고 트럼프주의의 위세가 더욱 강해지며 위험을 알리는 경고 수위가 더욱 높아지고 있기 때문에, 이런 우려는 당연한 것입니다.

미국과의 동맹을 중심에 두고 일본과 연대를 강화하면서 중국과는 한계가 있더라도 평화 유지와 경제적 상호이익을 위해 대화하고 협력하는 노선이 진정한 현실주의이자 실용주의입니다. 아울러 전 대륙에 걸쳐 있는 우리의 통상력을 바탕으로 또 K-컬쳐의 브랜드를 바탕으로 글로벌 연대 전략과 개방 전략을 확장해 나가야 합니다. 그리하여 대한민국이 중규모 국가임에도 글로벌 리더십의 한 축을 담당하는 국가가 될 수 있도록 만들어야 합니다. 그런 의미에서 글로벌 중추국가 비전은 여전히 살아 있습니다.

혁신을 진정으로
이해하는 혁신 리더십을!

나라의 명운을 결정하는 국가 리더십의 두 번째 요체는 혁신의 리더십입니다. 말로는 누구나 혁신을 얘기할 수 있습니다. 하지만 진짜로 혁신의 파동을 일으키고 혁신 역량을 배가하는 리더십을 세우는 것은 참으로 어려운 일입니다. 알아야 면장을 한다고, 혁신의 메커니즘과 생태계를 모르면서 말로만 혁신을 외쳐봐야 소용이 없는 것입니다.

이제 디지털 전환이 AI 전환으로 집약되고 있다는 것은 누구나 알게 되었습니다. AI는 세계경제의 게임 체인저일 뿐 아니라 삶의 게임 체인저입니다. AI 경쟁력이 곧 국가 경쟁력이 될 것입니다. 세상은 AI를 개발하는 경쟁에 뛰어들어 자리를 잡거나, AI를 활용해 자리를 잡거나 아니면 오토바이를 타야 할 것이라는 시니컬한 농담도 예사롭게 들리지 않습니다. 그래서 이 경쟁에 모두가 뛰어들고 있습니다.

AI에서도 역시 세계 최강인 미국은 트럼프 대통령 취임 이튿날 AI 인프라 건설에 5000억 달러(718조 원)을 투자하고, '스타게이트(Stargate)'라는 합작사를 설립해 미국 각지에 데이터센터를 구축하겠다는 계획을 발표했습니다.

이에 뒤질세라 중국도 얼마 전 시진핑이 직접 빅테크들을 불러 회의를 하면서 AI에 2028년까지 2000조 원을 민관 공동으로 투자하기로 결의했습니다. 이미 중국 회사 딥시크의 AI 출시는 전 세계에 충격을 주었습니다. 이 충격은 심지어 '스푸트니크 모멘트'에 비견되고 있습니다. 우리에게도 정신이 바짝 드는 일입니다.

한국도 2024년 국가AI위원회를 출범시켜 국가 AI전략 정책 방향을 발표한 바 있습니다. 주된 내용으로, "최대 2조 원 규모로 국가AI컴퓨팅센터를 구축하고 최신 GPU를 15배 확충한다, 2024년에서 27년까지 민간이 총 65조 원 규모로 AI분야에 투자하고 정부는 투자 활성화를 지원한다, 국가 전반의 AI 대전환을 위해 2030년까지 AI 도입률을 산업 70%, 공공 95%로 올린다, AI 안전·안보 역량 조기 확보로 글로벌 AI 거버넌스를 주도한다"는 내용입니다.

더 세부적으로 들어가면, 2030년까지 AI 유니콘 기업 10개를 육성하는 것, 20만 명의 AI 인재를 확보하는 것, '국가기간전력망 확충특별법' 제정 등을 통해 AI 트래픽·전력 수요 증가에 대응하는 것, 모든 국민이 AI에 접근·활용할 수 있도록 '디지털포용법'을 제정한다는 것" 등등이 있습니다. 국회에서도 2024년 12월에 'AI기본법'을 통과시켜 AI산업 발전의 법률적 기초를 놓기는 했습니다.

하지만 이것으로는 너무 부족합니다. 먼저 GPU를 모아놓을 국가AI컴퓨터 센터를 2조원 정도로 구축한다는 것 자체가 너무 뒤떨어진 이야기입니다. GPU 10만 장을 구축하는 데만도 사양에 따라 5조에서 40조까지 듭니다. 20만 명의 AI 인재를 양성한다는 것도 수직적이고 사교육 주도적인 입시제도, 의대 쏠림과 이공계 경시, 서울 주변으로 협소화된 혁신거점, 단기성과 중심의 프로젝트형 공모제 등 현재의 교육과 연구개발 시스템을 그대로 놔두고는 무망한 일입니다.

원자력을 없애고 중앙집중적 전력망을 고집한 문재인 정부식 에너지 정책으로는 적절한 전력 공급망을 확충할 수도 없습니다. AI 혁신은 데이터의 최대 최적 활용 없이는 불가능한 일인데, 현재와 같이 곳곳의 규제 장벽들을 놔두고 AI 혁신을 하라는 것

역시 강에서 소금 구하라는 것과 같습니다.

결국 관건은 AI 혁신을 비롯해 혁신이 무엇인지를 이해하고 혁신을 방해하는 것이 무엇인지를 제대로 파악해, 혁신가들이 장애물 없는 혁신의 드넓은 운동장에서 마음 놓고 뛸 수 있도록 하는 데 있습니다. 결국 이것은 기득권과의 전쟁이고, 규제와의 전쟁이고, 소극적 관행과의 전쟁입니다. 이런 전쟁을 승리로 이끌 리더십이 필요한 것입니다. 혁신을 원하면 적정한 혁신의 생태계를 구축할 리더십을 발휘하라는 것입니다.

대한민국은 일본의 강점과 미국의 강점을 잘 섞어 발전의 신화를 쓸 수 있었습니다. 일본 기업의 누적적인 '개선의 정신'과 미국 기업의 위험을 무릅쓰는 '혁신의 정신'이 한국 기업들에게는 잘 녹여져 있습니다. 어쩌면 얼리 어답터의 자세로 또 '빨리 빨리'의 정신으로 혁신의 DNA를 한국 사람처럼 많이 보여준 국민도 없을 것입니다. 이 과정에서 기업은 혁신의 아이콘이 되었습니다.

하지만 이를 뒷받침해서 제도 개혁과 규제 혁파를 통해 혁신의 생태계를 만들어주어야 할 정부와 국회는 어느 순간 굼벵이로 전락했습니다. 디지털 전환, AI 전환에 걸맞은 혁신의 생태계를 만드는 일은 정부의 몫이 매우 큰데, 아쉽게도 정부는 과거 권위주의적 발전국가의 유제로 여전히 중앙통제 방식을 고집하고, 수직적 위계에 젖어 있고, 규제를 혁파하는 데 소극적입니다. 가장 중요한 인재 수급처인 교육이 변화를 따라가지 못하면서 인재 유출은 갈수록 심해지고 있습니다.

게다가 국회는 혁신을 발목 잡는 괴물로 변해 왔습니다. 민간의 혁신을 위한 제도 개혁 요구들이 국회에 가면 '세월아 네월아' 잠자는 경우가 부지기수입니다. 혁신에 부응하도록 제도를 발 빠르게 바꿔주지 않으면 혁신을 선도할 수도 없고, 경쟁력도 확보할 수 없습니다. 뒷북을 치는 법과 제도 개선은 녹은 아이스크림이 될 수밖에 없습니다. 공무원들이 메뉴를 정해서 프로젝트로 발주하는 공모 사업과 연구개발 사업들의 상당 부분이 원천 기술이나 핵심 기술 창출로 이어지지 못하고 기획안과 보고서 만드는 귀재들만 양산해 왔습니다.

한 마디로 말해, 지금 혁신의 생태계를 구축하고 혁신의 파동을 일으키는 데 가장 걸림돌이 되는 것은 기업 이전에 정부이고 국회입니다. 더 큰 문제는 정부나 국회가 이를 자각하지 못하고 있다는 것입니다. 과거 발전국가에서는 정부가 주도하고 국회가 호응하면서 민간의 활력을 살리는 일이 꽤 잘 이루어졌습니다.

특히 전략적 산업 분야에 대해서는 구체적인 산업 정책을 수

립하고 가용자원을 총동원해 단기간에 비약적 성장을 이루기도 했습니다. 그렇게 해서 포철을 만들었고, 현대가 자동차와 배를 만들었고, 삼성이 반도체 산업에 뛰어들고 SK가 정보통신업에 뛰어들 수 있었습니다.

정부의 경제 관료도, 기업도 선진국의 주류 경제 논리가 아니라 혁신과 창조, 그리고 하면 된다는 신념으로 새로운 프론티어를 개척해 나갔습니다. 저명한 발전사회학자 로버트 웨이드(Robert Wade)는 한 논문에서 과거 어느 한국은행 총재가 했던 말을 인용합니다. "비교우위 조언에 귀 기울이지 마십시오. 우리가 뭔가 하려 할 때마다, 비교우위 옹호론자들은 '우리에게 비교우위가 없다'고 말했습니다. 사실, 우리는 우리가 원하는 건 다 했지만, 무엇을 하건 우리는 잘했습니다."

지금은 정부와 국회가 관성과 기득권, 정쟁 때문에 이런 구루 역할은커녕 혁신의 생태계를 이인삼각으로 만드는 일에 익숙해져 있고, 한심하게도 이것이 문제인 줄도 잘 모릅니다.

AI와 신기술이 인류를 전인미답의 길로 인도하고 있는 지금 우리에게 가장 필요한 것은 정부와 국회가 행동양식부터 바꾸겠다고 선언하는 것입니다. 이를 끌어내는 것이 지금 필요한 혁신의 리더십입니다. 이와 관련해 저는 'AI 전환을 위한 정치적 대합의'가 필요하다고 생각합니다.

1984년 이스라엘의 페레스(Shimon Peres) 총리는 사회주의적 편향으로 붕괴 위기까지 갔던 이스라엘 경제를 살리기 위해 시장경제 전환을 위한 정치적 합의를 끌어냈습니다. 그는 총리를 번갈아 하는 것을 용인하면서까지 정부의 허리띠를 졸라매며 민간의 창의를 극대화하기 위해 각종 개혁을 단행했습니다. 그 결과 이스라엘은 창업국가 혁신국가로 변모할 수 있었습니다. 오늘날 미국의 빅테크들이 이스라엘의 혁신 제품들 없이 굴러갈 수 없을 정도로 이스라엘은 혁신의 아이콘이 되었습니다.

지금 대한민국은 이런 수준의 대합의를 요구하고 있습니다. AI는 그 적용 범위가 무궁무진합니다. 산업을 가리지 않고 우리 생활의 모든 부문의 게임 체인저가 될 것입니다. 따라서 여기에 승부를 건다는 것은 곧 혁신의 파동을 전 분야에 일으키는 것을 의미합니다.

정치권과 기업, 과학기술자들과 혁신가들이 모여 생태계 전환을 위한 일대 정책 합의를 일구어내어야 합니다. 필요한 규제개혁 의제들에 합의하고, 필요한 인재 양성과 인재 유입을 위한 교육개혁 의제들에 합의하고, 당장의 성과에만 매달리지 않는 연구개발 의제들에 합의하고, 국가 AI 센터를 어떤 수준에서 어떤 방식으로 구축할 것인지에 대해 합의해야 합니다. 지금 필요한 국가 리더십은 이런 합의를 대승적으로 끌어낼 수 있는 리더십입니다.

이런 맥락에서 민주당 이재명 대표의 국회 연설은 문제의식은 보여주었지만 해법은 실망스러웠습니다. AI 전략을 GPU 10만 장 확보로 왜소화하고 AI 혁신을 노동 절약을 통한 '주 4일 근무'에만 갖다 붙이는 그 인식의 협소함이 안타까웠습니다. GPU 10만 장은 필요조건이지만 전체 생태계의 일부일 뿐입니다. 주 4일 근무는 AI가 보편적으로 적용되고 부가가치가 충분히 창출되면서 점진적으로 이룰 일이지 지금 주장할 일이 아닙니다.

52시간 노동제도 그렇지만 주 4일 근무도 적용되는 순간 혁신을 위해 밤낮으로 열정을 쏟아야 할 혁신 기업들에게는 중대한 장애가 될 것입니다. 쌀 씻고 있는데 생쌀이라도 먹자고 주장하는 바와 같습니다. 지금도 주 4일 근무할 여건이 되면 주 4일, 심지어 주 3일도 노사 합의에 의해 가능하고, 재택근무도 얼마든지 가능합니다. 이를 강제화할 경우 그것은 족쇄가 됩니다.

프랑스가 성급히 35시간제를 도입했다가 결국 경제에도 악영향을 주고 노동자들에게도 피해가 되자 이를 철회한 이유를 다시 새겨야 할 것입니다. 52시간 노동제를 획일적으로 강제하면서 이것이 혁신의 족쇄가 되는 현실을 목도하고 있지 않습니까?

　민주당은 AI시대가 충분히 열리지 않았는데도 열린 것으로 가정하고 벌써 '주 4일 근무'와 '보편적 기본사회'를 외치고 있습니다. AI의 일자리 대체에 대해서는 대책을 준비하되 균형 있는 대책이 필요합니다. AI의 광범한 활용과 함께 일자리가 줄어드는 효과가 있는 것은 분명한 사실입니다.[2] 하지만 그런 만큼 새로운 산업 영역이 개척되고 그에 따라 새로운 기업들의 숫자와 일자리도 늘어납니다. 이 상쇄 효과가 어떻게 될지는 조금 더 지켜봐야 합니다.

　디지털 전환 때에도 일자리 감소에 대한 우려가 무척 많았지만, 선진 경제에서 고용률은 늘었고 실업률은 줄었습니다. 시장이 끊임없이 개척되고 그에 따라 기업과 일자리 수가 늘어나면서 기술 전환으로 인한 일자리 감소 효과를 상쇄하기 때문입니다. 오히려 노동시장의 유연성을 제고하는 것이 새로운 일자리 창출에 효과가 있다는 것이 확인되고 있습니다.

2　2024년 3월 산업연구원은 AI가 국내 일자리 327만 개(13.1%, 2022년 기준)를 대체할 수 있다는 전망을 내놓았습니다. 일자리 소멸 위험성이 큰 업종은 제조업(93만 개), 건설업(51만 개), 전문과학기술서비스업(46만 개), 정보통신업(40만 개) 등으로 조사되었고, 직종별로는 전문직 일자리 196만 개가 대체될 수 있다고 분석되었습니다.

노동시장의 변화에 대해 단선적인 인식이 아니라 복합적 인식을 가지고 대응해야 하는 것입니다. 노동시장의 유연성을 확대하면서 사회안전망을 강화해가는 것이 AI의 일자리 대체에 대한 적절한 대응입니다. 만약 '주 4일 근무'를 제도화하면, 우리나라 기업들은 일부 대기업을 제외하고는 아무도 무사하지 못할 것입니다.

AI를 비롯한 신산업에서는 노동시간과 관련해 엄격한 규제를 하는 것 자체가 산업 자체의 특성과 어긋나고 혁신을 가로막을 수 있다는 점을 민주당은 인식해야 합니다. 디지털 대전환은 초연결, 초지능, 초융합을 특징으로 하고, 규제가 많아질수록 초연결, 초지능, 초융합은 불가능하게 됩니다.

지금은 노동시간 규제 자체를 산업의 특성에 따라 어떻게 유연화할 것인지를 고민해야 할 때지 노동시간의 일률적 단축을 해법으로 내놓을 때가 아닙니다. 노동시간을 줄여가야 한다는 것이 잘못된 것이 아니라, 노동시간을 강력한 규제 장치로 만드는 것이 문제인 것입니다.

국가가 투자해서 엔비디아 같은 기업을 만들어 그 수익을 국민들에게 주자는 것도 혁신의 생태계를 모른다는 자기 고백입니다. 미국의 빅테크들은 물론이고 중국의 딥시크 같은 기업이 나오는 것은 국가가 경영에 간섭하지 않기 때문에 가능한 일입니다.

혁신가들의 열정 및 놀라운 도전 정신과 이를 뒷받침하는 자주적 경영권이 혁신의 가장 중요한 요건입니다. 경영에 국가가 간섭하는 순간 혁신은 관료화됩니다. 국가가 세금 이외의 방법으로 수익을 나누자고 하는 순간 자주적 혁신 경영은 물건너 갑니다.

이재명 대표는 TSMC의 예를 들고 있는데, TSMC는 처음에는 상당 부분 국가가 투자해서 만든 것이 사실이지만, 지금은 지분 정리를 다 하고 외국 기관투자자가 지분의 70%를 차지하고 있습니다. 대만국민연금이 아직도 5~10%를 갖고 있는 것은 주식 투자 차원일 뿐이며, 일반 기업의 범주를 넘어서 국가가 개입하는 일은 없습니다. 이재명식 나눠먹기를 전제로 한 지분 투자는 세계 어느 유니콘 기업에서도 사례가 없습니다.

혁신의 리더십이 강력하게 발휘되어야 할 또 하나의 영역은 금융입니다. 기축통화로서 달러 체제는 유지되고는 있지만 계속 약화되고 있습니다. 강달러 체제와 연동해 국채 발행에 의해 지탱되어 왔던 미국 지배의 금융 체제는 미국 국채에 대한 이자 비용이 미국 국방비를 넘는 수준이 되면서 흔들리고 있습니다. 이에 대한 트럼프 정부의 대응은 한편으로는 관세나 미국 투자 유치 정책으로 나타나고 있지만, 그보다 강력한 수단으로서 스테이블 코인과 비트코인을 또 다른 기축통화로 만들려는 정책으로도 나타나고 있습니다.

10년 전 〈썰전〉에서 유시민 작가와 논쟁을 벌인 적이 있는데 그때 그는 비트코인이 사기라고 했고 규제를 주장했습니다. 저는 그렇지 않고 비트코인이 블록체인기술에 입각한 가치창출수단이자 이전수단으로서, 즉 탈중앙집중적 화폐로서 기능하는 날이 올 것이라고 주장했습니다. 10년이 지난 지금 누구도 비트코인을 사기라고 보지 않습니다. 이미 그것은 대체 화폐로서 기능하고 있고, 급기야 미국이 이를 공식화하려 하고 있습니다.

문제는 빨리 움직였으면 노다지를 만들 수 있었는데도, 한국은 부작용만 걱정하다가 제도 개혁을 계속 미루기만 했습니다. 찔끔찔끔 움직이다가 좋은 시간 다 놓칠 지경입니다. 이제 미국이 움직이니 한국은 뒤따라갈 수밖에 없을 것입니다. 혁신 경쟁에서 한발 앞서 가느냐 한발 뒤따라 가느냐는 이 나노 단위의 혁신 시간대에서는 무서운 차이를 낳습니다. 미래를 예측하고 '혁신의 길목'을 지키는 리더십을 찾을 수 없다는 것이 한국 정치의 또 다른 비극입니다.

요컨대 혁신의 생태계를 구성하는 리더십은 문제를 단선적

단편적으로 보지 않고 복합적 종합적으로 봅니다. 각 요소들의 연결과 접합을 이해하고 시스템적 접근을 하는 리더십입니다. 그 시스템의 핵심고리들이 무엇인지 이해하는 리더십입니다. 결국 가장 중요한 것은 혁신의 방향에 대한 통찰과 그에 따른 전략 수립, 연구개발 기능의 집약화, 혁신기업 지원, 인재 양성, 속도감 있는 규제개혁이 동시에 이루어져 시너지를 이루게 하는 리더십입니다.

이것을 막고 가장 지체 장애를 보이는 곳이 정부와 국회입니다. 그들의 힘과 기득권은 규제에서 나옵니다. 그래서 참으로 규제 혁파를 제대로 할 수 있는 리더십이 혁신 리더십의 요체일 수밖에 없습니다.

원전과 재생에너지의 균형을 도모하는 한국형 에너지 리더십을!

AI 전환의 시대는 동시에 에너지 전환의 시대입니다. 이 전환은 두 가지 의미를 갖습니다. 하나는 에너지 수요, 특히 전기 수요가 대폭 늘어날 수밖에 없다는 것을 의미합니다. 다른 하나는 이 늘어나는 에너지 수요를 탄소 저감이라는 시대적 요청에 맞추는 것을 의미합니다. 이 에너지 전환을 제대로 이끌 수 있어야 AI시대도, 디지털 전환 시대도, 기후변화 시대도 제대로 헤쳐 나갈 수 있습니다.

이 문제에 대한 민주당의 인식은 다시 한번 왜곡되어 있고 비현실적입니다. 아시다시피 AI와 빅데이터 산업, 반도체 산업, 전기차와 자율주행차 등을 포함한 4차 산업혁명 시대는 엄청난 전력을 요구합니다. 따라서 전력 대책 없는 AI 대책은 공허합니다.

안정적이고 값싼 전력을 제공할수록 AI 경쟁력이 올라갑니다. 우리의 에너지믹스에 대한 새로운 고민이 필요한 지점이 바로 여기입니다.

에너지믹스는 2050 탄소중립과도 직결되어 있습니다. 따라서 AI시대의 막대한 전력 수요에 대응하는 한편 기후변화에 대응하는 합리적이고 현실성 있는 에너지믹스가 제시되지 않는다면, AI 대책도 허언이고 기후변화 대책도 허언입니다. 현실에 눈을 감고 오직 재생에너지에만 꽂혀서는 답이 없습니다.

민주당은 탈원전 구호부터 버려야 합니다. 탈원전에 기초한 RE100은 한국의 현실과는 전혀 맞지 않습니다. 민주당은 제22대 총선 공약에서 2035년까지 재생에너지 발전 비중을 40%까지 확대하고, 2040년까지 석탄발전소 가동 중단을 추진하겠다고 했습니다.

우리나라의 신·재생에너지 발전 비중은 2023년 현재 9.67%에 불과합니다. 2035년까지 40%로 확대하려면 엄청난 대규모 투자가 필요하고 구체적인 로드맵이 필요하지만 이에 대한 대책은 모호하기 짝이 없습니다. 더욱이 그로부터 5년 안에 석탄발전소를 다 없애고 나면 우리 국민이 밤에 불이나 켜고 살 수 있을지 걱정입니다.

다수의 전문가들은 민주당의 RE100 정책과 3540 정책에 대해 근본적으로 불가능한 것이라 평가합니다. 재생에너지는 간헐성과 불안정성으로 인해 현재 우리의 전력망에서 20%를 넘기면 전력의 품질을 유지하기 어렵습니다. 아무리 관련 기술이 발전해도 10년 안에 이 문제를 해결할 수는 없습니다. 따라서 기업 활동에 필요한 전력을 100% 재생에너지로 할 수 없는 것입니다.

　　또한 재생에너지의 불안정성을 해소하기 위해서는 에너지저장장치(ESS)를 구축해야 하는데, 재생에너지를 40%로 확대할 경우 천문학적 규모의 비용이 들어갑니다. 문재인 정부 시절 탄소중립위원회의 내부 논의를 보면 당시 에너지분과 전문위원들은 재생에너지 발전 비율을 61.9%로 늘릴 경우 ESS 구축에 최소 787조 원에서 최대 1,248조 원이 소요될 것으로 추산했습니다. 또한 ESS 구축에 필요한 땅은 4,182~6,680만 평에 이를 것으로 전망되었습니다. 이는 여의도의 48~76배에 달하는 면적입니다. 민주당의 40% 공약은 단순하게 계산해 보면 최소 525조에서 최대 832조의 ESS 비용이 들게 됩니다. 우리나라 2024년 예산이 656.6조였음을 생각하면 민주당의 공약은 물리적으로나 재정적으로 불가능한 계획입니다.

　　더욱이 민주당은 발전 단가가 비싼 재생에너지를 나라의 주에너지원으로 사용할 경우(2021년 기준 1kWh당 원자력 58.4원, 유연탄 93.2원, LNG 111.1원, 태양광 87원, 풍력 86.5원), 전기료가 얼마나 상승할 것인지는 일언반구도 하지 않습니다.

탈원전을 밀어붙인 독일은 우크라이나 전쟁과 햇빛과 바람이 없는 기상 현상(Dunkelflaute)으로 인한 '녹색 정전' 등등의 요인으로 에너지 가격이 폭등하며 국민 부담이 높아졌고, 심지어 경제 자체도 심각한 위기에 내몰리고 있습니다. 이에 따라 독일 정부는 에너지 위기를 극복하기 위해 2030년까지 탈석탄 정책을 포기하기로 했습니다.

재생에너지보다 탄소배출이 적은 원전을 폐기하고 탄소배출 주범인 석탄발전소를 유지한다는 것은 이념이 낳은 폐해입니다. 유럽 국가들의 전력 통합으로 독일의 탈원전 정책에 전기료 급등의 직접적 피해를 입은 스웨덴은 심지어 에바 부시(Ebba Busch) 에너지부 장관이 나서 독일의 탈원전 정책을 비난하고 원전에 투자하라고 항의하기까지 했습니다.

그동안 기후변화 대응과 탄소중립을 위한 국제적 노력을 선도하며 재생에너지 확대에 힘을 썼던 유럽 국가들조차 이제 탄소중립을 위해서라도 원전 확대가 불가피하다는 것이 대세로 자리 잡고 있습니다. 영국이 2050년까지 원전을 최대 8기까지 건설할

계획이며, 원전 대국이던 프랑스도 원전 불확대 기조를 바꿔 2035년까지 원전 6기를 추가로 건설하기로 했습니다.

대표적인 탈원전 선언 국가의 하나이던 스웨덴도 향후 20년 간 원자로 10기를 건설하는 목표를 세웠고, 핀란드는 41년 만에 유럽 최대 규모의 신규 원전을 가동하기 시작했습니다. 폴란드와 체코 역시 첫 원전 혹은 신규 원전을 짓기로 했고, 네덜란드도 2035년까지 신규 원전 2기를 건설하기로 했습니다. 유럽은 아니지만 캐나다도 30년 만에 새 원전 건설을 추진하고 있습니다.

우리도 2050 탄소중립을 실현하고 AI시대의 전력 수요에 대비하기 위해서는 원전을 더욱 확대할 필요가 있습니다. 2023년 우리나라의 에너지원별 발전량을 보면, 원자력 30.7%, 석탄 31.4%, LNG 26.8%, 신재생 9.6%, 유류 0.3%, 양수 0.6%, 기타 0.5%입니다. 제11차 전력수급계획 실무안에 따르면, 2030년에는 원자력 31.8%, 신재생 21.6%, 석탄 17.4%, LNG 25.1% 등이고 2038년에는 원자력 35.6%, 신재생 32.9%, 석탄 10.3%, LNG 11.1% 등입니다.

이처럼 원자력과 재생에너지의 비중을 함께 높여 가는 것이 올바른 방향이라고 우리는 생각합니다. 그럼에도 민주당은 전문가들이 87차례 회의를 통해 결정한 원전 4기 건설 정책을 반대해 결국 정부로 하여금 이 계획을 축소하도록 만들었습니다. 탈원전 이념의 폐해는 아직도 지속되고 있습니다.

2023년 제28차 유엔 기후변화협약 당사국총회(COP)에서 우리 정부는 120여 개국과 함께 2030년까지 재생에너지를 3배 확대하겠다는 서약에 참여했었습니다. 이 약속을 지키려면 2030년까지 재생에너지 발전 비중을 27.6%로 높여야 합니다. 가능합니까? 솔직히 힘듭니다.

그보다 앞서 문재인 정부는 이미 2020년 12월 제9차 전력수급계획에서 재생에너지 발전 비중을 더 무리하게 30.2%로 잡았었는데, 이 역시 지르고 보는 계획이었습니다. 재생에너지 생산단가를 급속히 낮추지 않는 한 재생에너지를 30%까지 늘리려면, 재생에너지 발전의 간헐성에 따른 기술적 난점은 차치하고라도 전기료의 대폭 인상이 불가피합니다. 문재인 정부는 전기료 인상에 대해서는 침묵하거나 사실상 거짓말을 했고, 결국 탈원전 정책에 따른 전기료 부담 요인을 후임 정부에 전가했습니다.

우리나라가 3배 확대 선언에 동참했다고 해도 여러 가지 기술적 정치적 난점에 대한 고려 없이 무작정 추진할 수는 없습니다. 그리고 3배 확대 선언은 참여국들의 공동 목표이지 각국의 구속력 있는 개별 목표가 아닙니다. 그 원문을 보면, 이 목표는 서명 국 전체가 함께 협력해 집합적으로 이루는 것이지, 서명국 각자 3배 확대해서 이루는 것으로 되어 있지는 않습니다("상이한 출발 점, 국가적 상황, 상이한 지역의 독특한 현실을 고려하면서, 모든 나라가 야심 찬 행동을 취해야 한다"). 또한 우리나라가 국제사회에 약속한 2030 년 NDC는 신재생도 확대해야 하지만 원전 확대를 통해서만 이 행할 수 있습니다.

어떤 나라든 자국의 자연적 기술적 여건에 따라 최적의 에너 지계획을 세우고 탄소중립을 이행할 수밖에 없습니다. 미국, 중 국, 오스트레일리아 등등의 나라들이 재생에너지 발전을 대폭 확대할 수 있는 이유는 재생에너지 발전 단가가 원전 발전 단가 보다 싸기 때문입니다.

에너지경제연구원이 해외 자료에 기초해 작성한 '2023년 재 생에너지 균등화 발전비용(LCOE) 동향'에 따르면 우리나라의 태 양광 발전 균등화 비용의 중위값은 MWh당 111달러로, 가장 낮은 국가들인 오스트레일리아, 인도, 중국에 비해 3배 가까이 높고, 가장 잠재력이 높은 재생에너지인 해상풍력은 MWh당 233달러로 중국(63달러), 덴마크(89달러)에 비해 높을 뿐만 아니 라 태양광에 비해서도 2배 이상 높습니다. 또한 우리나라의 단위 면적당 태양광 발전은 주요 20개국 중 가장 높은 상황입니다. 좁은 국토에 산지가 많아 대규모 신규 태양광 발전 입지를 찾기가 어려운 수준에 도달했다는 의미입니다.

물론 재생에너지의 발전 단가는 계속 하락해 2030년에는 2023년 대비 31% 하락하고 2036에는 2023년 대비 37.3% 하락할 것이라는 전망이 있지만, 이 전망이 2030년 재생에너지 30%와 민주당의 재생에너지 3540 공약을 합리화하지는 못합니다. 더욱이 발전 효율이 가장 높고 탄소배출이 가장 적으며 세계적 경쟁력으로 수출 증대에 기여하고 있는 원전을 의도적으로 죽인다는 것은 어처구니없는 자해행위입니다. 에너지 안보 차원에서도 원전은 기름이 안 나고 석탄이나 수력 자원이 없는 우리에게는 최후 보루일 수밖에 없습니다.

우리나라도 에너지 여건의 변화에 따라 언젠가는 원전 축소, 심지어 원전 폐기의 길을 갈 수 있겠지만, 현재의 기술적 자연적 여건에서 AI 경쟁과 탄소중립을 고려하면 적어도 앞으로 수십 년간은 그럴 수 없다는 것을 인정해야 합니다. 민주당의 탈원전과 RE100 절대주의, 재생에너지 3540으로는 우리 경제의 견인차인 반도체산업과 미래의 견인차가 될 AI산업을 뒷받침할 수 없고, 2050 탄소중립도 실현할 수 없습니다.

원자력과 재생에너지, 그리고 석유와 석탄 등 탄소배출형 에너지의 균형을 맞추고 탄소포집·활용·저장(CCUS) 기술 등을 통해 탄소배출을 줄이려는 노력을 병행하는 것이 지금 우리에게 필요한 에너지 리더십입니다. 탈원전을 폐기하고 원전 적정 이용 정책으로 기조를 바꾸어야 하고, 충분히 안전하게 이용 가능한 원전들을 무리하게 폐쇄하려는 기도도 중단해야 합니다. 그리고 소형모듈원전(SMR)에 대한 투자를 강화해서 이 분야의 주도권을 쥐고 2030년대 이후에 적극적으로 활용할 준비를 해야 합니다. 탈원전 정책으로는 SMR 정책도 어정쩡해질 수밖에 없습니다. 실용주의가 필요한 대목은 바로 이곳입니다.

저성장과 저출생을 극복할 혁신균형발전의 리더십을!

국가를 번영시키고 국민들을 골고루 잘 살게 하는 것은 국가의 궁극적 목적입니다. 이를 토대로 하는 아리스토텔레스의 '행복 국가' 이념은 오늘에도 예외 없이 적용될 수 있습니다. 특히 현대 국가, 특히 자유민주주의 체제의 공화국을 헌법 정신으로 삼는 모든 나라들은 자유와 평등의 조화를 추구해야 하고, 이를 위해 분투해야 합니다.

오늘날 대한민국에서 경제성장을 가로막고, 초저출생의 구조적 원인이 되고, 격차사회를 심화시켜 결국 자유와 평등의 조화를 가로막는 가장 큰 요인이 수도권 일극 체제와 지방의 소외입니다. 이 문제를 얘기하면 수도권의 엘리트들은 지방의 푸념 정도로만 여깁니다. 그렇지 않습니다. 그들이 서울 감각, 더 정확히 말하면 강남 감각에만 갇혀 있기 때문에 현실을 폭넓고 깊게 보지 못하는 것입니다. 대한민국 엘리트의 절대다수가 강남권에 집을 갖고 있거나 거기서 아이들을 교육시키거나 직장을 갖고 있습니다.

강남권 부동산 수요와 집값 폭등이 전국에서 올라오는 수요 때문이라는 점을 우리는 이미 압니다. 혁신의 시대에 혁신의 운동장을 좁게 사용할수록 처음에는 집적의 효과였던 것이 나중에는 한계효용의 저하로 나타납니다. 강남권과 서울 인근은 혁신 역량이 증가하지만, 지방은 혁신 역량이 갈수록 뒤처지는 현상이 병행됩니다.

선진국들의 사례를 보더라도 전 세계적으로 혁신 역량을 각 지역에 골고루 분산하고 특성화된 혁신 거점을 다수 보유한 나라들과 단일 혁신 거점으로 집중 현상이 극심한 나라들의 성과 차이는 시간이 갈수록 분명해지고 있습니다. 저는 전자를 고래모델에, 후자를 아귀모델에 비유하고 있습니다. 미국이 대표적인 고래모델입니다. 수십 개의 다원적인 혁신 거점들을 계속 만들어내 남들이 따라오기 어려운 국가 혁신 역량을 성취한 사례입니다.

나라가 커서 그렇다구요? 아닙니다. 대표적인 혁신국가 이스라엘만 하더라도 창업국가의 심장부인 텔아비브, 딥테크와 바이오테크의 허브인 예루살렘, 첨단기술제조단지인 하이파를 비롯해 좁은 국토에 혁신 거점만 대여섯 개입니다. 네덜란드도 암스테르담, 로테르담, 헤이그, 위트레흐트 등이 각기 특성화된 혁신 거점을 이루면서 도시 연합을 통해 네덜란드 발전을 견인하고 있습니다.

이에 비해 일본과 프랑스는 대표적인 아귀모델 국가입니다. 도쿄권과 파리권의 경제 집중도가 너무 높고 이에 비해 지방 도시는 상대적으로 혁신 역량이 결집되지 못하고 있습니다. 그나마 프랑스는 리용, 일본은 오사카권이 명맥을 유지하고 있지만 다원적 혁신 거점을 만들지는 못하고 있습니다. 이탈리아는 남북 경제격차가 크고 밀라노권이 사실상 혁신 거점 역할을 하고 있습니다. 여기도 변형된 아귀모델입니다.

공교롭게도 고래모델을 가진 나라들이 아귀모델을 가진 나라들보다 경제성장률이나 혁신 역량 성장에서 훨씬 우수한 성과를 보여주었습니다. 일본, 프랑스, 이탈리아가 지난 20여 년간 1인당 국민소득이 거의 정체하거나 후퇴하는 모습을 보였다는 것은 우연이 아닙니다.

아귀모델 가운데서도 가장 못생긴 아귀모델이 한국입니다.

인구 50%, 경제력 70%, 대기업 본사의 95%가 수도권에 집중해 있는 곳이 한국입니다. 이 수도권 일극 체제는 원래 그랬던 것은 아닙니다. 1960년대 후반부터 80년대까지 산업화 과정에서 한국 경제는 경부축을 중심으로 성장을 일궜습니다. 수출항인 부산항 주변에 제조업 단지를 만들고 경부고속도로를 조기에 건설해 경부축을 구축했습니다. 그 결과 부산 울산 포항 대구 구미 대전 서울에 이르는 도시들이 함께 발전했습니다. 상대적으로 소외되었던 호남도 여수 순천 광주 전주로 이어지는 호남축을 서둘러 만들고자 했습니다.

수도권 일극 체제는 오히려 디지털 전환 시대에 심화되었습니다. 전통적인 제조업에서 IT 제조업으로, 그리고 디지털 콘텐츠와 서비스 중심으로 산업이 전환되면서 모든 것이 서울로 향했습니다. IT=인재이기 때문에 대학이 서울에만 소재해 있다면 지방거점대학보다 더 선호되는 이른바 'In Seoul' 현상도 이때 만들어졌습니다. 한국은행 조사에 의하면 2010년 이후 수도권 인구 증가의 78%가 지방 청년이 올라와 이루어진 것입니다. 지방은 청년이 빠져나가는 도시가 되고 수도권은 전 지역으로부터 청년을 빨아올린 지역이 되었습니다.

문제는 이러한 인구 집중 현상이 경제적 사회적으로 대한민국을 건강하지 못한 사회로 만들고 있다는 것입니다. 혁신은 혁신 역량이 갖추어진 곳에서 나오는데, 우리나라의 경우 수도권 일극 체제로 인해 혁신 역량을 구성하는 자본, 기업, 대학, 인재 등이 모두 서울에 집중되어 있습니다. 따라서 수도권과 그에 연접한 일부 지역을 제외하고 대한민국의 모든 곳이 혁신 역량의 와해를 겪고 있어, 신산업으로의 전환은커녕 재래 산업의 유지도 어려운 형편입니다.

현재와 같은 수도권과 비수도권의 격차가 지속된다면, 대부분의 농촌과 다수의 중소도시가 몰락하고 결국 노인 위주의 비수도권 인구가 청년 위주의 수도권 인구가 벌어들인 돈으로 근근이 생계를 유지하는 형국이 될 것입니다. 이런 나라가 경제 강국의 지위를 유지할 수는 없습니다. 이는 실증적으로도 증명되고 있습니다. 석준호 전북대 교수는 2024년 〈통계연구〉에 게재한 "인구의 수도권 집중 현상이 우리나라 경제성장에 미치는 영향 분석: 수출과의 관계를 중심으로"에서, 1990년부터 2022년까지의 연도별 자료를 이용해 수도권 인구 집중이 경제성장에 장기적으로 부정적인 영향을 미친다는 것을 밝혔습니다.

과도한 청년 인구의 수도권 집중은 혁신 성장만 가로막는 것이 아니라 초저출생과 사회적 불평등 확대와도 긴밀히 연관되어 있습니다. 수도권으로 또 수도권으로 서울로 올라간 청년들이 행복해졌습니까? 아닙니다. 국회미래연구원 조사에 따르면 청년 삶의 질 지수가 낮은 도시들이 오히려 인천과 서울입니다. 지방에서 올라온 청년들이 집도 갖기 힘들고, 비싼 물가에 허덕여야 하고, 초경쟁 초스트레스 속에 살아야 하고, 특히 익숙한 사회적 관계의 지지를 받기 어려운 삶을 살아야 하는 조건 속에서 가장 쉬운 전략은 결혼을 미루고 혼자 사는 것입니다. 이것이 결국 혼인율을 낮추고 결혼을 하더라도 아이를 낳기 두렵게 만드는 요인입니다.

초저출생은 초경쟁 초스트레스 사회에서는 근본적으로 해결되기가 어렵습니다. 청년 인재들이 빠져나간 지방 도시들은 결혼시장의 미스매치가 심화될 수밖에 없습니다. 혁신거점도시 중심의 혁신균형발전이 이런 상황을 완화하고 초저출생을 해소하는 계기가 될 수 있습니다.

수도권 집중은 소득 격차뿐 아니라 국민들 간의 자산 격차도 심화시킵니다. 서울 집 한 채 갖는 것이 부산 집 한 채 갖는 것보다 두세 배가 비싸고, 중장기 전망에서도 유리한 구조가 계속되는 한 자산의 서울 집중은 불가피합니다. 지방 사람들이 서울에 똑똑한 한 채를 갖기 위해 투자하는 현상이 지속하는 한 그 격차는 피하기 어렵습니다. 지역 혁신 거점들이 지역을 희망이 있는 지역으로 바꾸어내야만 이런 격차도 해소되어 나갈 수 있습니다. 수도권은 종 모양의 인구구조를 어느 정도 유지하고 있는데 지방은 완전한 역피라미드 구조가 되는 한, 한국 사회의 불평등 문제는 해소되기 어렵습니다.

한국 경제의 잠재성장력을 높이려면, 초저출생을 극복하려면, 소득 격차와 자산 격차를 줄이고 자유와 평등을 조화시키려면 혁신균형발전을 해야 합니다. 혁신균형발전이란 전국에 복수의 혁신 거점을 만들고 이를 중심으로 주변 지역이 함께 발전하는 균형발전을 의미합니다. 떡을 나눠주는 식의 균형발전보다는 확실한 떡시루를 몇 곳에 만들자는 것입니다.

우리는 이미 거점도시로서 광역도시들을 갖고 있습니다. 이들 광역도시를 특성화된 혁신거점도시로 전략적으로 키우는 전략을 펴야 합니다. 청년들이 서울 이외에도 그런 혁신거점도시들을 희망의 눈으로 볼 수 있게 만들어야 합니다. 이런 균형발전을 우리는 혁신균형발전이라 규정하고자 합니다.

떡시루를 만드는 혁신균형발전이 되어야 한다는 것은 한국은행의 견해이기도 합니다. 한국은행이 2024년 6월 발간한 "지역경제 성장요인 분석과 거점도시 중심 균형발전"이 실증분석을 통해 혁신균형발전의 근거를 마련해주었습니다. 지금까지 지역 공공투자는 저개발지역의 발전에 초점이 맞추어지면서 대도시에는 최적 수준 이하로 과소투자되어 왔습니다.[3] 인구가 증가하던 시기에는 전 국토에 빠짐없이 인프라를 구축하는 것이 중요했지만, 향후 인구 감소를 고려하면 소수의 거점도시에 투자를 집중해서 그 효과가 주위로 뻗어나가게 하는 것이 더 효과적이라는 것입니다.

이제 혁신균형발전을 이끌 수 있는 리더십이 나와야 합니다. 노무현 정부는 이 균형발전의 중요성을 인식한 정권이었습니다. 하지만 그 방법은 충분하지 않았습니다. 공공기관 이전 중심의 균형발전 정책은 안 한 것보다는 나았지만, '혁신'이라는 이름의 성과를 거두기에는 너무 부족했습니다. 이명박 정부도 5+2로 이 일을 추진했지만 기울어진 막대를 펴는 데는 턱없이 부족했습니다. 박근혜 정부의 창조경제센터도 발상은 좋았지만 너무 미약했습니다. 문재인 정부는 부분적인 분권(형식적인 자치경찰제 도입

---

3 비수도권 대도시 기초자치단체의 GRDP 대비 투자적 지출 비율(평균 1.4%)은 중견도시 (3.9%), 소도시·군(16.0%)보다 크게 낮습니다. 수도권 소재 공공기관 이전도 규모의 경제, 인적자본 효과 등으로 대도시에서 생산 및 고용 창출 효과가 더 크지만, 이전 기관이 10개 지역으로 흩어져 지역거점 형성 등의 목표가 제대로 달성되지 않았습니다.

등)에 치중한 나머지 큰 그림 자체가 없었습니다. 2차 공공기관 이전조차 미루어버렸습니다. 윤석열 정부의 지방시대 개혁이 이런 관점을 가지고 기회발전특구나 교육 의료 기반 구축을 통한 거점도시 전략을 내세웠지만 국회에 가로막혀 속도를 내지 못하고 있습니다.

기이한 것은 노무현 정신을 받드는 현재의 민주당이 지방분권과 혁신균형발전에 대해 아무런 생각도 전략도 없다는 것입니다. 국회의원들의 지역구 사업을 챙기는 것을 지역발전 전략이라고 생각하는 수준에서는 국가 개조의 일환으로 혁신균형발전전략이 나올 수 없습니다. 분권과 혁신균형발전에 대한 무관심은 민주당이 수도권 정당화된 것과 무관하지 않습니다.

민주당은 당대표도 원내대표도 정책위의장도 최고위원들도 대부분 수도권 인사들입니다. 이래서는 지방이 보일 리 없습니다. 호남이 정치적 뿌리라면서도 사실 호남 소외, 지역 소외가 당의 체질로 구조화되고 있다는 것을 알고 지적하는 민주당 인사들조차 거의 없습니다. 이러니 그들의 정치적 뿌리인 광주를 혁신거점도시로 만드는 전략도 나올 리 없습니다.

막대기가 한쪽으로 기울어졌으면 강한 물리력으로 다른 한쪽으로 펴려는 노력을 해야 합니다. 이런 정책의 가장 좋은 계기가 될 수 있는 것이 기회발전특구 정책인데 그 핵심 사항인 세제 개편에 손 놓고 있는 민주당이 지방분권과 균형발전의 적통을 이은 정당이라고 말할 수 있겠습니까?

부산을 글로벌 허브도시로 만드는 일이야말로 대한민국의 최남단에 혁신 거점을 확실히 조성함으로써 혁신균형발전의 새로운 신호탄을 쏘아 올리는 일인데, 이를 위한 글로벌허브도시특별법에 대해 '나 몰라'로 일관하고 있는 것은 민주당이 수도권 정당으로 왜소화된 탓입니다.[4] 아니, 그보다 먼저 나라를 어떻게 골고루 그리고 자유와 평등의 조화를 기하면서 발전시켜야 하는가에 대한 종합적인 비전 자체가 없는 탓입니다.

이제 혁신균형발전을 위한 진정한 리더십이 발휘되어야 합니다. 그것은 지엽적인 작은 개혁이 아니라 국가 개조 수준의 큰 개혁으로, 절대 우선순위에서 뒤로 밀려선 안 됩니다. 이 의제의 중요성을 알고 이를 가장 중요한 개혁 과제로 상정하는 리더십이 필요합니다. 그것은 관료제 개혁이요, 혁신을 위한 개혁이요,

---

4 산업은행 부산 이전도 마찬가지입니다. 산업은행 이전은 단순히 금융기관 하나가 지방으로 가는 것이 아니라 정책금융기관으로서 남부권 신산업 성장에 메기 역할을 할 수 있는 수단의 이전입니다. 산업은행도 지역 성장을 국가적 의제로 삼는 정책금융기관으로서 자기 역할을 재정립했습니다. 수도권에 필요한 기능은 일부 남겨놓고 이전을 하는 것임에도 미동도 하지 않는 것은 기본적으로 지역 발전에 대한 무관심 때문입니다.

저출생 극복을 위한 개혁이요, 자유와 평등을 조화시키기 위한 개혁입니다.

광역 수준의 지방자치단체가 혁신 단위로 기능할 수 있도록 과감한 분권이 필요합니다. 대구 경북, 부산 경남, 대전 충남이 통합한다면 여기에 미국의 주에 버금가는 과감한 권한 이양을 해주어야 합니다. 특히 국토 이용, 환경 관리, 각종 규제 권한을 초광역 단위에 내려보내야 합니다. 예산의 배분도 중요하지만 권한의 이양을 통해 혁신 거점들이 뜰 수 있게 만들어주어야 합니다.

지방에 권한과 예산을 준다 해도 함부로 쓰지 않습니다. 지방 자치 발전의 30년 성과는 각 지역에도 견제와 균형, 감시와 평가의 체제가 다 마련되어 있다는 것입니다. 오히려 중앙정부가 현장을 모르고 일일이 지도하고 감독하려고 하는 바람에 자생력만 떨어뜨리고 있음을 직시해야 합니다. 아울러 중앙지방협력회의를 실질적으로 제2국무회의로 운영해서 중앙정부와 지방정부의 소통을 대폭 강화해야 하고, 지역 현안이 국가 현안의 중심에 담길 수 있는 거버넌스 체계를 확립해야 합니다.

거점도시가 혁신 역량을 갖추려면 혁신의 인프라와 혁신인재 양성, 특성화된 혁신 클러스터가 필수적입니다. 지방정부 혼자의 힘으로 혁신 역량을 구축하지 못하면 중앙정부가 발 벗고 함께 나서야 합니다. 이것은 지방에 대한 중앙의 단순한 시혜가 아니라 꺼져가는 대한민국 전체의 잠재성장력에 다시 스파크를 일으키는 일이고 초저출생을 극복하고 격차 사회를 극복해 자유와 평등의 조화를 향해 나아가는 길임을 확실히 인식해야 할 것입니다.

복지를 넘어 삶의 질에
투자하는 리더십을!

미국의 독립선언문에서 오늘의 대한민국 헌법에 이르기까지 자유민주주의 체제를 관통하는 기본 정신은 누구나 태어나면서부터 차별받지 않는 평등한 자유를 누린다는 것입니다. 하지만 이 평등한 자유는 각 개인의 삶의 균일한 상태를 의미하는 것이 아닙니다. 개인에게 주어진 경제적 정치적 사회적 자유는 오히려 그 필연적인 결과로 개인 간 차이와 격차를 낳습니다.

자유민주주의 체제의 헌법은 정부가 이 차이와 격차가 불평등으로 확대되지 않도록 조세와 정책을 이용해 개인들에게 공정한 기회와 적정한 복지를 제공하도록 규정하고 있습니다. 우리는 전체주의적 사회주의와 공산주의처럼 자유를 억압하는 획일적 평등 체제와는 단호하게 선을 그어야 합니다.

우리의 헌법은 국가와 국민에게 무엇을 바라고 있습니까? 대한민국은 우리에게 자유라는 선물을 주었습니다. 이 자유는 다른 한편으로 자신의 책임 하에 자신의 삶을 영위해 간다는 삶의 개성화로 연결됩니다. 그리고 이런 전제 아래에서 대한민국은 각 개인이 더욱 공정한 환경과 더욱 풍부한 기회의 조건 속에서 더욱 행복한 삶을 구현해 나갈 수 있는 나라를 지향합니다.

　　이런 관점에서 복지와 평등을 논할 필요가 있고, 이런 맥락에서 자유공화주의자는 '개인의 권리로서 삶의 질'이라는 원칙을 분명히 해야 합니다. 이것이 포퓰리즘에 맞서는 길이고 균일한 상태로서의 획일적 평등과 양적 평등에 대처하는 방법입니다. 획일적 양적 평등주의에 맞서 우리는 삶의 질을 고루 높이는 평등, 질적 평등주의로 나아가야 합니다.

　　느닷없이 중도 보수를 표방한 이재명 대표가 교섭단체대표연설에서 제시한 복지관은 과거 사회민주주의자들을 답습하고 있습니다. 좌파 전통을 고수한다는 의미에서만 보수적일 뿐입니다. "누구나 일할 수 있음을 전제로 예외적 탈락자만 구제하는 현재의 복지제도는 인공지능과 로봇이 생산의 주축이 되는 첨단기술사회에서는 그 한계가 매우 뚜렷할 것입니다. 이제 우리는 초과학기술 신문명이 불러올 사회적 위기를 보편적 기본사회로 대비

해야 합니다"라고 주장합니다. 그럴듯한 얘기입니다. AI까지 끌고 들어오니 더 있어 보입니다. 하지만 전제도 틀렸고, 방향도 틀렸습니다.

오늘의 복지제도를 "누구나 일할 수 있음을 전제로 예외적 탈락자만 구제하는 복지제도"라는 현실 파악이 이미 비현실적입니다. 서구의 복지제도든 우리나라의 복지제도든 선별적 복지에만 의존하고 있지 않습니다. 보편적 복지를 바탕으로 선별적 복지를 활용하고 있다는 것이 정확한 표현일 것입니다.

한국형 복지도 이미 인색하게 극소수만을 대상으로 하고 있는 복지를 벗어난 지 오래입니다. 우리 복지제도는 이미 다수 국민에게 4대 보험을 제공하고 있습니다. 특히 국민연금은 이미 김대중 정부 시절에 '전국민' 연금으로 확대되었습니다. 건강보험제도는 많이 버는 사람이 많이 내고 적게 버는 사람은 내지 않으면서 모든 국민이 혜택을 보는, 타의 모범이 되는 보편적 복지로 정착했습니다.

1987년 민주화 이래 한국 복지국가의 발전에서 복지지출 확대는 진보 정부와 보수 정부를 막론하고 거의 비슷하게 꾸준히 이루어졌습니다. 지금은 국민의 조세부담률과 사회적 지출 규모를 보아도 OECD 평균을 빠른 속도로 따라잡고 있습니다. 우리나라의 국민 조세부담률은 2013년 23.1%로 OECD 회원국의 평균 조세부담률 32.6%보다 현저히 낮은 수준이었지만, 2022년에는 32%로 상승해 OECD 평균 34%에 거의 근접한 수준입니다.

GDP 대비 공공 사회복지지출 비율은 2022년 기준 14.8%로, 독일 26.7%, 일본 24.9%(2020년), 그리스 24.1%, 스웨덴 23.7%, 미국 22.7%에 비해 크게 낮고, OECD 평균 21.1%보다 낮은 편입니다. 하지만 우리나라의 복지지출은 2009~19년에 연평균 9.3%로 늘어나 스웨덴 3.4%, 미국 3.8%, 일본 2.1%, OECD 평균 4.1%보다 크게 높아지면서 해가 갈수록 격차가 좁혀지고 있습니다.

복지지출과 관련해 우리나라가 OECD 평균에 비해 낮은 또하나의 이유는 우리나라가 다수 서구 국가들보다 늦게 초고령사회에 진입하기 때문입니다. 우리나라는 올해(2025년) 초고령사회에 진입할 예정이며 복지지출은 15.9%인데, 이는 우리와 유사한 복지국가 모델을 가진 일본(2005년 16.9%)이 초고령사회 진입할 때와 비슷한 수준입니다.

단적으로 말해, 우리나라의 복지 수준은 아직 유럽 복지국가 기준에는 미달하지만 빠르게 그 격차를 메워가는 중입니다. 한국의 복지를 "예외적 탈락자만 구제하는 현재의 복지제도"라고 하면 과거 진보정부의 성과마저 부인하는 것입니다. 우리의 복지지출은 GDP의 약 15%를 차지하는데, 2023년 GDP 2,243조 원을 기준으로 하면 약 336조에 달합니다. 이를 예외적 탈락자에게만 가는 돈이라고 말하는 것은 현실을 의도적으로 폄하하고 왜곡하는 주장이라 하지 않을 수 없습니다.

이재명 대표의 '보편적 기본사회' 정책은 토론해볼 만한 주제이지만, 아직 포퓰리즘의 범주를 넘어서지 못하고 있습니다. 보편적 기본사회를 적극적으로 해석하면 결국 사회주의를 하자는 것이 아니냐는 의구심을 가질 수밖에 없습니다. 분배 정책을 통해 모든 사람에게(보편적으로) 일정한 기본소득을 제공하려면 결국 사회주의화하는 방법밖에 없기 때문입니다.

기본소득을 적극적으로 주장하는 일부 유럽 좌파는 대부분의 사회보험과 공공부조를 폐지하고 생활임금에 해당되는 관대한 기본소득으로 일원화할 것을 주장합니다. 이에 대해서는 좌파들 내부에서조차 반론의 목소리가 큽니다. 기존 복지제도의 파괴로 인한 부정적 영향이 기본소득의 긍정적 효과보다 훨씬 크다고 보기 때문입니다.

민주당의 기본소득론은 현재까지는 기존 복지제도를 그대로 두고 가진 사람들, 버는 사람들, 미래세대의 소득을 가져와 못 가진 사람들, 못 버는 사람들, 기성세대에게 나눠주는 개념에 가깝습니다. 이런 구상은 좌파들에 의해 역사적으로 주기적으로 표출되어 왔습니다. 결과는 실패였습니다. 스웨덴 사회민주당이 1970년대 연대임금의 새로운 버전으로 기업 이윤 일부를 강제 출자해 노동자들에게 나눠주는 임금소득자기금 정책을 펼쳤다가 국가 경제를 파탄으로 이끌었던 것이 대표적인 예입니다.

기본소득을 용돈 수준으로 상정한다면 기본소득으로 표현할 필요가 없습니다. 이미 보편적 복지의 일환으로 시행되고 있기 때문입니다. 노인기초연금이 대표적이고, 또한 지자체마다 주로 취약 계층에 대해 이런저런 방식으로 현금 지원을 하고 있습니다.

현재까지 나타난 민주당의 기본소득이란 그때그때 돈 풀어 지급하는 국민 지원금을 의미합니다. 이것은 대개 빚을 내어 효과가 없는 곳에 투입하자는 것으로, 전형적인 포퓰리즘 정책에 불과합니다. 한편에서는 성장이 우선이라고 얘기하면서 다른 한편에서는 성장의 발목을 잡을 포퓰리즘 정책을 양산하는 모습이 참 그로테스크합니다.

서구의 복지국가들이 이미 1970년대 80년대에 과도한 분배주의 정책으로 인해 큰 경제위기가 초래되고 근로자들의 삶도 심각하게 위협받았던 것을 반성해, 90년대 이후 자유와 평등의 균형을 회복하고 삶의 질에 초점을 두는 복지국가 2.0으로 전환해나갔다는 점을 이들은 무시합니다. 오히려 전통 좌파의 개념으로 회귀하니 좌파 보수주의라 해야 할 것입니다.

이에 비해 우리가 추구해야 할 복지와 평등 정책은 '삶의 질 투자 전략'이어야 합니다. 유엔이 발표하는 세계행복보고서에 따르면 2021~23년 한국인 삶의 만족도 평균은 6.06점으로 OECD 38개국 중 33위에 그쳤습니다. 국민소득은 20위권 내에 진입했는데 행복도 수준은 여전히 OECD 하위권입니다. 더 이상 삶의 질 투자 전략으로서의 평등 정책을 미룰 수 없습니다.

이 전략은 현재의 보편적 복지와 선별적 복지의 결합 체제를 개선 확대하면서 개인의 권리로서의 삶의 질이라는 관점을 부여잡고 국민행복도를 높이는 데 초점을 맞추는 것입니다. 그것은 삶의 질을 높이는 데 필요한 다양한 영역과 차원들에서, 개인이 소외되지 않고 공정한 기회구조 속에서 자신의 역량을 키워가며 자아실현을 추구할 수 있도록 하는 것입니다.

복지를 물질적 분배 중심으로만 보지 않고, 개인의 삶의 질을 구성하는 건강, 교육, 보육, 문화, 스포츠, 환경, 돌봄, 사회적 관계 등 모든 면에서 투자를 확대해 인간다운 삶을 누리고 행복도를 높여간다는 전략입니다. 복지와 삶의 질 향상은 축적의 성과입니다. 이미 보편적 복지로 확립한 토대를 유지하면서 삶의 질 투자를 대폭 강화하는 전략을 써야 합니다.

이 전략은 결과의 평등보다는 기회의 평등을 강조하는 전략이고, 시민을 시혜의 대상으로 보는 것이 아니라 자신의 삶을 경영하는 주체로 보는 전략이며, 개인의 역량 강화를 통해 자아실현을 지원하는 전략입니다. 이를 통해 시민은 자신을 둘러싼 사회와 공적 영역이 내게 힘이 되는 실체임을 깨달을 수 있습니다.

이런 관점은 1998년에 노벨경제학상을 수상한 인도의 경제학자 아마르티아 센(Amartya Sen)의 '비교적 정의'(comparative justice) 이론에서 그 이론적 근거를 찾을 수 있습니다. 센의 정의론의 핵심은 역량 접근법입니다. 센은 사회정의를 실현하는 데 있어 균일한 평등이라는 하나의 지표만을 척도로 삼는 것은 인간의 다양성을 반영하지 못한다고 주장합니다.

개개인은 상이한 역량을 가지고 있으며, 동일한 자원이 주어져도 이것을 이용해 실현할 수 있는 가능성의 정도는 각자 다를 수밖에 없습니다. 따라서 개개인의 실제 상황과 역량을 고려하지 않으면 평등한 분배가 오히려 불평등을 초래하게 됩니다. 산술적 평등은 실질적인 불평등입니다. 센은 개인의 상황과 역량을 고려한 복지가 '실질적 자유'의 신장을 가져온다고 주장합니다. 소극적 자유에서 적극적 자유로 나아가는 길은 '저마다 자신의 소질과 역량'을 키우고 이를 지원하는 데서 찾아야 합니다.

삶의 현장인 시민 각자가 사는 지역에 건강, 육아, 학습, 문화, 스포츠, 환경, 이동 등에서 편리하고 질 높은 공적 환경을 구축해, 시민들이 좋은 사회적 관계들의 지원 속에서 자아실현을 이룰 수 있도록 하는 것이 중요합니다. 이를 위해 다양한 창의적인 정책들을 구상할 수 있겠지만, 부산에서는 15분 도시 정책을 내세우고 있습니다.

15분 도시 정책의 중심 가치는 이웃들과 더 많이 만나고 더 배려하고 더 좋은 사회적 관계가 확산되도록 하는 것입니다. 이를 위해 거기에 적합한 공적 환경과 공간을 구축하고 다양한 콘텐츠와 프로그램들을 운영하면 큰 돈 안 들이고 시민들의 삶의 질과 행복도를 높일 수 있습니다. 자유에 기반한 개인화가 시대의 흐름이지만, 그렇다고 해서 개인이 홀로 행복을 이룰 수 있다는 환상이 강화되어서는 안 됩니다.

시민들이 각자의 고유한 삶의 궤도를 그려 나갈 때 개인화가 고립화와 이기주의화로 귀결되지 않도록 공공이 도울 수 있습니다. 자유로운 개인들이 만나고 연결되고 다양한 사회적 관계들 속에서 자아실현을 추구하고 서로에게 힘이 되는 다양한 공동체들 속에서만 행복의 수준을 높이는 것이 가능합니다. 우리는 이것을 사회 정책의 중심 가치이자 방향으로 삼아야 합니다.

시민 각자는 다른 삶의 여건 속에서 살지만 적어도 공적 공간에서는 최고의 시민으로 대접받을 수 있도록 공공의 시설과 프로그램에 대한 공적 투자를 대폭 확대해야 합니다. 특히 문화, 스포츠, 공원, 이동수단 등을 복지의 개념으로 접근하고 그 질적 수준을 끌어올리는 데 적극적인 리더십을 발휘할 필요가 있습니다. 그러기 위해서는 국가 리더십이 삶의 질에 대한 철학적 이해와 깊은 문화적 심미적 소양을 가져야 합니다. 탁월함은 여기서도 발휘되어야 합니다.

인재대국에
승부를 거는 리더십을!

자원이 없는 대한민국이 여기까지 온 것은 결국 인재의 힘이었습니다. 대한민국에 부지런하고 열정이 있는 기업가 노동자 지식인 교육자들이 많았던 덕분입니다. 누가 뭐래도 교육이 대한민국 발전의 원동력이었습니다.

이승만 정부 때부터 시작된 의무교육과 교육 중시 정책은 국민들의 뜨거운 교육 열정과 함께 한국 교육을 단시간 내에 발전도상국 중 가장 높은 수준으로 끌어올렸습니다. 이것이 이후 고도성장 시대에 밑거름이 되었습니다. 한국만큼 질적으로 우수한 노동력을 단기간에 확보할 수 있는 나라가 드물었습니다.

이승만 대통령과 박정희 대통령은 탁월한 인재들의 중요성을 잘 이해한 지도자였습니다. 6·25 전쟁 이후의 그 어려운 시절에도 이승만 대통령은 해외 유학을 장려했고, 원자력 연구에만 150명 정도를 미국 영국 프랑스 등지로 보냈습니다. 그 가운데 일부가 한국으로 돌아와 이후 원자력 산업을 개척합니다. 박정희 대통령은 키스트(KIST)를 만들어 해외 유학한 과학기술자들을 대거 끌어들였고 이들이 과학기술입국의 초석을 놓습니다.

역대 정부가 연구개발투자에 인색하지 않았던 것도 GDP 대비 연구개발투자 최상위권에 한국을 올려놓는 기반이 되었습니다. 우리 교육은 양적 질적 발전을 거듭하며 세계 유수의 교육국가를 이루어놓았고, 발전도상국에서 선진국으로의 도약을 이끌었습니다.

하지만 지금은 교육의 위기이고, 인재 양성의 위기입니다. 초저출생으로 젊은 인구 자체가 급속히 줄어드는 것도 문제이지만, 한국 교육의 왜곡된 구조가 시대가 필요로 하는 인재 양성에 적합하지 않게 된 것이 더 큰 문제입니다. 이를 해소할 개혁이 적시에 충분히 이루어지지 않고 있다는 점이 우리를 불안하게 합니다.

게다가 한국의 상류층과 중산층 자녀 가운데 해외 유학을 선택하는 숫자가 1990년대 5만 명 수준에서 2010년대에는 20만 명대로 늘어났습니다. 문제는 이들의 상당수가 유학 이후 돌아오지 않는다는 것입니다. 고급 인재 유출이 심각한 수준인 것입니다.

2024년 6월에 스위스 국제경영개발대학(IMD)이 발표한 2024 국제경쟁력 및 교육경쟁력 순위는 인재 양성의 방향과 관련해 많은 시사점을 줍니다. 우리나라는 국제경쟁력에서 OECD 회원국 및 신흥공업경제지역 67개국 중에서 역대 최고인 20위를 기록했고, 교육경쟁력 역시 19위로 2023년 26위에 비해 큰 폭으로 상승했습니다.

"생각보다 나쁘지 않네"라는 생각이 들지도 모르겠습니다. 하지만 우리나라 초중고생들이 입시 지옥 속에서 가장 오랜 시간 공부하고 우리나라 학부모들이 가장 많은 사교육비를 지출하고 있다는 사실을 생각한다면, 이러한 순위는 빛 좋은 개살구요 가성비가 떨어지는 것이라 하지 않을 수 없습니다. 11개 정량지표와 4개 정성지표로 측정되는 교육경쟁력의 개별 지표들의 순위를 보면 19위의 허실이 드러납니다.

우리의 19위 자리를 견인한 것은 '25~34세 인구의 고등교육 이수율'(4위), '학업성취도'(5위), '성취 수준이 낮지 않은 학생 비율'(7위), '15세 이상 문맹률'(1위) 등 정량지표 중에서 나왔습니다. 반면 4개의 정성지표는 모두 중하위권으로, '초등 및 중등교육이 경쟁사회의 요구에 부합하는 정도' 31위, '대학교육이 경쟁사회의 요구에 부합하는 정도' 46위, '경영교육이 산업계의 요구에 부합하는 정도' 46위, '언어능력이 기업의 요구에 부합하는 정도' 35위였습니다.

이 지표들은 그 명칭에서 보듯이 경쟁력과 직결되어 있다고 할 수 있는데, 모두 중하위권으로 처져 있는 것입니다. 단적으로 말해 우리나라는 평균 교육 수준이 높고 학력도 좋은 편이지만, 기업에서 바로 쓸 만한 인재나 국가 경제의 최첨단에서 경제발전과 과학기술 발전을 이끌어갈 인재는 그렇게 많지 않다는 것이 2024 IMD 국제경쟁력 평가의 시사점이라 하겠습니다.

AI 대전환 시대에 어떤 인재를 어떻게 양성할 것인가에 대한 정책은 과학기술 정책이자 일자리 정책이자 삶의 질 정책입니다. 우리는 시대의 변화에 맞게 다층적 인재 양성 정책을 펼쳐야 합니다.

우선 가장 상단에서 초점을 맞춰야 할 부분은 우리 사회의 최첨단에 서서 국가 발전을 이끌어갈 최고의 인재, 최고의 혁신가를 양성하는 것입니다. 지금 세상은 한 명의 천재가 세상을 바꾸고 천만 명을 먹여 살릴 수 있는 시대로 바뀌어 왔습니다. 빌 게이츠, 스티브 잡스, 일론 머스크가 단순히 비즈니스맨이 아니라 시대의 사상가이자 선구자라는 것은 의문의 여지가 없습니다.

대한민국에서도 이런 혁신가들이 나올 수 있는 교육 인프라를 구축해야 합니다. 혁신가의 숫자가 전 세계의 경제지도를 다시 그리며 국가의 서열을 재정리하고 있습니다. 첨단 신산업과 국가전략산업에 얼마나 많은 우수한 인재를 공급할 수 있는지가 나라의 미래를 결정할 수밖에 없습니다.

두 번째 수준의 인재 양성은 실용적이고 실무적인 인재들의 양성입니다. 4차 산업혁명 시대에 기존 제조업의 고용 창출 효과는 상대적으로 줄어드는 대신 신산업과 서비스업의 일자리는 늘어나게 됩니다. 이런 분야들에 요구되는 자질과 능력은 시간이 갈수록 창의성, 소통, 비판적 사고, 협업 능력 등으로 바뀌고 있습니다. 이는 초중고의 교육 프로그램의 전환과 대학들의 인재양성 방식을 바꾸지 않고서는 이루어지기 어려운 일입니다.

세 번째 수준의 인재 양성은 이른바 평생학습 체제와 연관된 것으로 생애주기의 매 국면마다 재교육과 학습의 기회를 제공해 인적 자원을 개발하는 것입니다. 지금은 고령화 등 다양한 요인으로 인해 일반 시민의 교육 수요도 아주 높은 시대입니다. 비경제활동인구, 실업자, 은퇴자 등등 광범위한 인구층이 재취업을 위해, 취미활동을 위해, 자아실현을 위해 다양한 학습을 원하고 있습니다.

특히 최근에는 목공, 조경, 농업 등을 비롯해 육체를 쓰는 일에 의미를 부여하고 가치를 높게 매기는 경향이 나타나고 있습니다. 직업교육이나 평생학습에서 완전히 새로운 양상이 전개될 수 있다는 것입니다. 이러한 새로운 양상은 AI시대의 도래와 함께 더욱 깊어질 것이라 예상할 수 있겠습니다. 영화 〈레버넌트: 죽음에서 돌아온 자〉처럼 소멸의 위기에 처한 기술과 기능이 새롭게 각광받을 수 있는 것입니다.

그러므로 인재 양성의 세 번째 수준에 적절히 대응하는 것은 시민들의 재취업, 자아실현, 행복을 위해 아주 중요합니다. 우리의 교육 정책은 요람에서 무덤까지, 초등교육에서 평생교육까지 이러한 인재 양성의 세 수준을 모두 고려하며 입안되고 시행되어야 할 것입니다.

이런 다층적 인재 양성이라는 목표를 향해 나아가려면 초중고 교육 프로그램의 개혁과 입시제도의 개선이 가장 시급하고 중요한 과제입니다. 교육 프로그램을 디지털 AI시대에 맞게 바꾸어야 하고, 좋아하는 것을 잘하게 만드는 교육, 가르치는 교육이 아니라 깨우치는 교육으로 전환해야 합니다.

최근 디지털 AI 교과서 도입조차 민주당과 진보 교육감들의 반대로 제대로 이루어지지 않는 상황에서 민주당 대표 혼자 AI

인재 양성을 외치고 있는 것도 어처구니없는 소극(笑劇)이라 하겠습니다. AI 인재가 하루아침에 길러지는 것이 아니라 초중고부터 AI 친화적 교육 환경 속에서 키워지는 것인데, 그 첫걸음인 AI 교과서 도입에 대해서 자기 진영조차 설득하지 못하면서 AI 인재 양성을 얘기하는 것이 진정성이 있을까요?

우리나라는 지난 수십 년간 입시제도를 빈번히 바꾸었지만, 무너지는 공교육을 다시 일으키고 팽창하는 사교육을 억제하는 데 실패했습니다. 그사이에 우리 아이들의 불행과 학부모들의 심적 물질적 부담은 한없이 깊어져 갔습니다. 이것이 아이 갖기를 회피하는 경향을 부추겨 저출생의 원인 중 하나가 되기도 합니다. 입시제도의 개선은 학력을 높이기 위해서도 필요하지만, 무엇보다 학생과 학부모를 현재의 불행에서 구하기 위해서도 필수적입니다.

물론 입시제도를 아무리 바꿔도 백약이 무효였는데 또 바꾼다고 되겠느냐는 회의론이 있을 수 있습니다. 그동안의 실패에 대해서는 많은 분석이 필요하겠지만, 이는 공교육의 내용과 질을 시대의 흐름에 맞게 변화 향상시키려는 노력 없이 입시방식 자체만 바꾼 데서 기인하는 바가 크다고 생각합니다. 입시의 겉모양새만 바꾸어서는 공룡 같은 사교육을 억제할 수 없고 학생과 학부모들이 지옥 같은 입시경쟁에서 빠져나올 수 없습니다.

공교육의 질을 향상시키기 위해 가장 먼저 필요한 것은 좌파의 위선적 평등주의 교육과 결별하는 것입니다. 학생과 학부모의 불행, 갈수록 깊어지는 교육 격차와 교육 불평등, 사교육의 팽창과 공교육의 붕괴 뒤에는 위선적 평등주의 교육이 있습니다. 1974년부터 시작된 평준화 교육, 특히 1990년대부터 교육계에서 득세하기 시작한 좌파의 평등주의 교육이 낳은 격차와 불평등은 너무나 참담합니다.

무엇보다 서울/수도권과 비수도권의 교육 격차를 봅시다. 국내 최고 명문대학 학생들의 수도권 쏠림은 갈수록 심화하는 모습입니다. 특히 그 중심에는 강남 3구 쏠림이 있습니다. 예컨대 2022년 서울의 대학들에서 수도권 학생이 차지하는 비중은 48% 정도지만 서울대 신입생에서 차지하는 비중은 64.6%였습니다. 또한 강남 3구 출신 학생들의 비중은 전체의 3.1%에 불과했지만, 서울대 신입생에서 차지하는 비중은 무려 11.9%에 이르렀습니다.

경쟁이 치열한 분야일수록 강남 3구의 활약은 더욱 두드러집니다. 전국 39개 의대의 2024학년도 신입생(3,145명) 중 강남 3

구 출신(418명)이 13.3%에 이르렀고, 더욱이 수도권 12개 의대 신입생 중 강남 3구 학생은 1,029명 중 236명으로 23.2%를 차지했습니다.

무엇이 이와 같은 강남 교육 패권을 초래했습니까? 그것은 한마디로 지난 수십 년간 우리나라 공교육을 지배한 평등주의 교육 때문입니다. 이 평등주의 공교육은 세칭 일류대학을 가고 싶은 부모와 학생의 요구를 충족시키지 못했습니다. 이를 파고든 것이 사교육과 학원이었고, 더 많고 더 좋은 사교육을 받을 수 있는 순서는 부모의 경제력에 좌우되었습니다.

평등주의를 겨냥한 고교 평준화가 경제적 불평등을 교육 불평등으로 이전시키는 최악의 불평등 체제로 나타났습니다. 제가 위선적 평등주의 교육이라 부르는 이유가 여기에 있습니다. 평준화 교육은 교육 평등과 교육 정의의 이름 아래 더욱 강력히 시행되었습니다. 하지만 그 결과는 최악의 교육 불평등과 교육 부정의입니다.

평등주의 교육 속에서 더 높은 교육열을 가진 사람들은 사립학교나 학원을 찾을 수밖에 없습니다. 더욱이 다수의 사립학교가 공립학교화되어 있는 상황에서 학원은 입시에 최적화된 교육을 받을 수 있는 유일한 선택지입니다. 평등주의 교육이 공교육

바깥에 수많은 사립학교를 만든 셈입니다. 나아가 치열한 입시 경쟁은 학원의 서열화를 낳을 수밖에 없고, 그 결과 사교육 위계의 꼭대기에 서게 된 것이 바로 대치동으로 상징되는 강남 사교육인 것입니다.

예전에는 지방의 고등학교들도 이른바 SKY 대학에 일정한 수의 학생들을 보낼 수 있었지만, 지금은 가물에 콩 나듯 보낼 수 있을 뿐입니다. 더욱이 지방 대학들의 퇴조와 맞물리면서 서울과 지방의 격차는 더 벌어질 수밖에 없습니다. 공정이란 이유로 정시 위주로 갈수록 강남 패권은 강화되는 역설을 보여 왔습니다. 좋은 사교육에의 접근성이 수능 성적을 좌우하기 때문입니다.

당장 눈앞에 보이는 '부분에서의 평등'을 쫓다가 '전체에서의 불평등', 그것도 최악의 불평등을 초래한 것이 바로 평등주의 교육의 일그러진 자화상인 것입니다. 강남 교육 패권을 초래한 사이비 평등주의자들의 위선에서 우리 교육을 하루빨리 해방시켜야 합니다. 무엇보다 강남식 선행학습을 받은 학생들이 유리한 고지를 점하는 현재의 수능을 혁파해야 합니다.

그리고 이제는 대학의 자율 선발권을 존중할 때가 되었습니다. 이미 대부분의 대학이 정원 채우기에 급급한 실정에서 천편일률적인 수능 만능의 입시제도는 변화를 주어야 합니다. 그리고 지역할당제를 강화해야 합니다. 한국은행의 연구가 밝히는 것처럼 지역할당제가 약화될수록 지역불균형 발전이 심화되고, 지역 할당을 통한 입학생들이 대학 진학 이후 더 뛰어난 수행 능력을 보여주었다는 결과를 주목해야 합니다. 그와 더불어 지역마다 특성에 맞는 자립형 사립고나 공립고 등 우수 학교를 만드는 길을 열어주어야 합니다.

우리 공교육이 일단 평등주의 교육의 신화에서 벗어나면, 교육의 질을 높이는 것은 그리 어렵지 않습니다. 우리 공교육이 와해 상태라고는 하지만 인적 인프라 자체는 세계 최고 수준입니다. 우리나라 교사들의 수준은 세계 어디에 내놓아도 뒤지지 않으며, 열악한 교육 현실에서도 그들의 교육 열정은 높습니다. 우리 교사들의 실력과 열정이 억눌려 있는 것은 잘못된 제도 때문입니다.

과거의 '우열반'처럼 학생과 학부모의 마음을 상하게 하는 노골적인 차별적 제도는 피하면서, 현명한 방법으로 수월성 교육과 수준별 교육을 가능하게 하는 공교육 시스템은 얼마든지 구상할 수 있습니다. 학생 인권을 배타적으로 보장해 주려다 교사의 인권과 권한과 열정을 짓밟은 좌파의 학생 인권 지상주의도 개혁 대상입니다.

인재대국을 향해 나아가는 길에서 또 다른 중요한 과제가 쓰러져가는 지역 대학들을 지역의 혁신 거점으로 재창조하는 일입니다. 전 세계 어디에도 혁신을 뒷받침하는 대학 없는 혁신거점 도시는 없습니다. 따라서 혁신균형발전도 대학을 혁신의 주체로 만들어야 가능합니다. 이와 관련해 2023년부터 시범 도입되고 2025년부터 전국적으로 전면 시행되는 "지역혁신중심 대학지원 체계(RISE: Regional Innovation System & Education)" 사업을 변화의 중요한 계기로 삼아야 합니다.

지금 지방 대학이 이렇게 취약해진 것은 구조적 요인도 있지만 교육부의 일률적 통제 관리 체제의 결과이기도 합니다. 교육부는 그동안 지표 관리(교수 숫자, 학생 충원율 등등)와 공모 사업 중심으로 지방 대학을 관리하고 통제해 왔습니다. 각 지방 대학은 등록금이 통제된 상황에서 살기 위해 교육부 지표 맞추기에 헉헉대고 교육부가 내놓는 공모사업 따기에 급급했습니다. 지역 대학이 궁극적으로 사는 방법은 지역의 경제 생태계 속에 녹아들어가 상생하는 길밖에 없는데, 지역 대학과 지역 산업 및 기업들과의 고리는 약화된 채 재정 지원을 받기 위해 지표 맞추기에 급급한 상황을 만들었습니다.

지역 대학의 우수한 교수들도 지역의 기업들과 연구개발 협력을 하기 보다는 중앙의 과제나 수도권 대기업들과 일하는 경우가 대부분입니다. 결국 이것이 지역 대학의 자생력을 약화시키고, 기업들은 지역에서 필요한 인재를 찾지 못해 다시 지역을 떠나는 악순환을 만들어온 것입니다.

라이즈 사업은 교육부 중심의 통제 구조를 혁파하고 각 지역에서 대학과 산업계, 그리고 지방정부가 힘을 합쳐 새로운 혁신 생태계와 인재양성 시스템을 만드는 체제로 바꾸는 것이기 때문에 일종의 패러다임 전환이라 할 수 있습니다. 라이즈는 교육부의 대학 지원 행·재정 권한을 지자체에 위임·이양하고 지역발전과 연계한 전략적 지원을 통해 지역-대학의 동반성장과 '인재 양성-취·창업-지역 정주'의 선순환 체계를 구축하고자 하는 것입니다.

이 사업은 제가 시장 취임 이후 우선적으로 추진했던 부산형 지산학 협력모델을 교육부가 받아들여 부산에서 시범 사업으로 시작해서 전국으로 확대한 것입니다. 다시 한번 강조하지만, 혁신을 지향하는 도시에서 혁신 역량을 갖춘 대학이 없다는 것은 상상할 수 없습니다. 대학이 죽으면 그 도시도 함께 죽는 것입니다. 특히 디지털 전환 시대에서 가장 중요한 것은 인재인데, 인재를 키우는 대학이 혁신 역량이 부족하고 좋은 인재를 배출하지 못한다면 그 도시는 더 이상 국가 발전에 핵심적인 역할을 할 수 없습니다.

지산학 협력, 그리고 라이즈 사업과 글로컬 대학 사업을 통해 과연 지역의 대학들이 혁신거점대학들로 재탄생할 수 있는가는 혁신균형발전에도 관건이 될 뿐 아니라, 우리 경제와 사회에 필요한 인재들이 전국 각지에서 골고루 양성되는 인재대국으로 나아가는 데도 가늠자가 될 것입니다. 이를 위해 교육부의 고등교육 예산과 권한을 더욱 과감하고 신속하게 라이즈 체계로 이양해야 합니다.

세계적 수준의 최고 인재 양성과 관련해 우리가 생각해 보아야 할 주제가 두 가지 더 있습니다. 첫 번째는 의대 쏠림을 어떻게 완화하느냐 하는 것입니다. '초등생 의대반'의 조기 교육 열풍이 뜨겁다고 합니다. 종로학원은 2024학년도 자연계열 수시모집 내신 합격 점수 1.06등급 이내 125명 전원이 의약학 계열에 진학했다고 발표했습니다.

의대 쏠림은 기초과학을 비롯한 이공계 인력 유출을 부추깁니다. 의대와 이공계에 중복 합격한 학생들은 거의 예외 없이 의대를 선택합니다. 2024년 서울대 첨단융합학부, 자연과학대 등 이공계 1학년 학생 248명(1학년 전체의 7.2%)은 반수를 위해 1학기에 휴학계를 제출했습니다. 첨단산업 인재 양성이 미래 국가경쟁력을 결정하는 상황에서 이러한 의대 쏠림은 망국병이라 할 만 합니다. 특단의 대책을 세우지 않으면 안 됩니다.

의대 쏠림은 의대 진학의 경제적 가치가 다른 분야에 비해 지나치게 높기 때문이라 할 수 있습니다. 전문가들의 평가에 따르면, 의대 진학의 경제적 가치는 300인 이상 대기업 정규직 근로자 연평균 임금의 약 4배에 이른다고 합니다. 의술이 아무리 고도의 전문성을 요구하는 것이라 해도 이는 지나친 것이라 하지 않을 수 없습니다.

그렇다고 해서 이를 바로잡는 방법이 의사들의 헌신을 무시하고 자존심을 훼손하는 방식으로 이루어질 수는 없습니다. 이러한 불균형을 장기적 시장적인 방식으로 시정해 나가는 한편으로, AI를 포함해 국가전략기술 분야의 인재에 대해서는 국가가 파격적 우대조치를 할 필요가 있습니다. 이와 관련해서는 정부와 대학, 그리고 경제계가 함께 머리를 맞대고 과학기술 혁신인재 양성 계획을 만들어 구체적 지원책을 강구해야 할 것입니다.

두 번째 주제는 적극적인 해외 인재 유치 문제입니다. 우리나라는 현재 저출산으로 인해 첨단 기술력의 원천인 인재풀이 급속도로 줄어들고 있습니다. 통계청에 따르면 18~21세의 대학생은 2022년 210만 명에서 2040년 119만 명으로 줄어들 것이라고 합니다. 대학생 수의 감소와 더불어 신산업 인재 수요의 급속한 증가를 고려할 때 적극적 해외 인재 유치 전략은 국가 생존 전략이라 해도 좋을 것입니다.

이미 주요 선진국들은 해외 인재 유치에 발 벗고 나서고 있습니다. 미국 바이든 행정부는 2022년 1월 과학, 기술, 공학, 수학(STEM) 분야에서 해외 학생과 학자를 유치 혹은 유지하기 위해 비자 정책을 개선했습니다. 중국 역시 1990년대부터 해외에 있는 자국 출신 인재나 해외 석학을 유치하는 '백인계획', '천인계획', '만인계획' 등을 시행한 데 이어, 2019년부터는 '고급 외국인 전문가 유치 계획'이라는 새로운 이름 아래 해외 인재 확보에 힘쓰고 있습니다. 일본도 고급 해외 인재를 데려오기 위해 2012년부터 고도 학술 연구, 고도 전문 기술 및 고도 경영 관리 분야의 해외 인재를 유치하는 고도인재 포인트 제도를 운영하고 있고, 2023년에는 이 제도를 강화한 특별 고도인재 제도(J-Skip)를 도입했습니다.

주요국의 이러한 적극적 해외 인재 유치 노력에도 불구하고, 우리나라의 해외 인재 유치 수준은 아주 낮습니다. 프랑스 INSEAD 경영대학원이 발표하는 글로벌 인재 경쟁력 지수를 보면 2023년 한국의 인재 경쟁력은 134개국 중 24위인 반면, 해외 인재 유치 순위는 이보다 한참 떨어지는 59위로 나타났습니다. 또한 우리나라에 체류하는 외국인 중 전문 인력은 2023년 기준 4만6000명이지만, 일본은 우리의 10배가 넘는 48만3000명 수준입니다.

이제 머뭇거릴 시간이 없습니다. 그 유인책 중 하나로 글로벌 사우스에 위치한 대학의 우수 학생들을 선발해 현지에서 공부하는 동안에 학비와 생활비를 지원하고, 그들이 한국의 대학으로 진학하게 하거나 취업하게 하는 프로그램을 만들 필요가 있습니다. 한국에서의 백만 원이 그들 나라에서는 천만 원이 될 수도 있습니다. K-컬처와 K-테크 한국 브랜드는 글로벌 사우스에서는 이미 잘 먹히는 브랜드입니다. 이를 활용해 적극적인 해외 인재 유치에 나서야 합니다.

해외 우수 인재에 대해서는 비자 및 영주권 정책을 획기적으로 개선하고, 인재 본인과 그 가족들이 편안하게 살 수 있도록 정주 여건과 교육 여건 등을 제공해야 할 것입니다. 미국 실리콘밸리를 움직이고 있는 사람들은 인도인들입니다. 우리나라가 발전도상국의 가장 탁월한 인재들에게 기회의 나라가 되어준다면, 그들이 우리나라에게 새로운 발전의 기회를 줄 것입니다.

강한 리더십을 위해
합작 리더십을!

우리는 역사적으로 강한 리더십을 보여준 리더들을 영웅으로 우상화합니다. 역사 속의 정치 체제는 크게 두 부류가 있습니다. 권력을 잡은 자에게 무소불위의 힘을 주는 권위주의 체제, 그리고 견제와 균형의 원리를 갖춘 공화정과 다수의 선택에 의해 운영되는 민주주의 체제입니다.

역사에서는 권위주의 체제가 일반적이고 공화정이나 민주주의 체제가 예외적이기 때문에 우리가 기억하는 훌륭한 역사의 리더들은 대부분 왕이거나 독재적 권력을 행사한 지도자인 경우가 많습니다. 이 권위주의 리더들이 현자일 경우 역사적 성과는 더 크게 나타날 수 있습니다. 진시황, 알렉산더 대왕, 루이 14세, 세종대왕, 리콴유, 등소평, 박정희 등 권위주의 체제에서 큰 족적을 남긴 많은 지도자들을 떠올릴 수 있습니다.

하지만 공화정이나 민주주의 체제에서 눈부신 성취를 거둔 지도자는 그리 많지 않습니다. 권력을 형성하는 복잡한 메커니즘과 국민 선출 권력의 원천적 취약성, 그리고 견제와 균형 등 제도적 한계가 뚜렷하기 때문입니다. 따라서 온전한 공화제와 민주주의에서 리더의 덕목은 권위주의 체제의 리더의 덕목보다 훨씬 더 복합적인 탁월함을 요구합니다.

고대 아테네 민주주의에서 페리클레스를 위대한 지도자로 꼽는 것은 그가 삶의 궤적에서 우러나온 도덕적 권위와 아테네 문명의 가치를 정립한 이념적 역량, 전쟁에서 동맹을 이끄는 전략적 능력, 대중과의 뛰어난 소통력을 보여주었기 때문입니다.

현대 공화제에 기반한 자유민주주의의 역사에서도 탁월한 리더십을 보여준 훌륭한 정치 지도자들을 여럿 만날 수 있습니다. 링컨, 처칠, 루스벨트, 레이건 등이 그들입니다. 이들은 민주주의 하에서도 강한 리더십을 보여주었습니다. 그리고 뚜렷한 역사적 성취를 보여주었습니다.

이들의 강한 리더십은 강한 퍼스낼리티에서 오지 않습니다. 이들은 권위주의적 개인 특성을 지닌 스트롱맨들이 아닙니다. 민주주의의 어렵고 복잡한 조건 아래에서 보다 폭넓은 권력 기반을 형성하는 것을 통해 강한 리더십의 조건을 만들었고, 이를 적극적으로 활용해 노예해방이든 반파시즘이든 대공황이든 미소냉전 체제든 시대의 문제들을 풀었습니다. 이들의 공통점은 민주주의 하에서 '권력은 협소하게 운영할수록 더 약해지고, 폭넓게 운용할수록 강해진다'는 것을 실천했다는 점입니다.

그리고 페리클레스처럼 국민과의 직접 소통에서 탁월한 능력을 보여주었다는 점입니다. 이들은 모두 뛰어난 연설가들이었고, 전보나 라디오, 텔레비전 등의 매체를 활용해 자신의 생각을 국민들에게 전달해 자신이 하고자 하는 일에 대해 국민의 마음을 모으는 데 뛰어났습니다. 그리고 권력의 비루함과 잔혹함을 뛰어난 유머감각을 통해 부드러운 권력으로 순치시켜 대중들에게 다가설 수 있는 사람들이었습니다.

자유민주주의 체제에서 권위주의적 리더십은 늘 부조화를 겪게 되어 있습니다. 개인의 카리스마는 민주주의에서 대중의 지지를 얻을 수 있는 매우 중요한 요소이지만, 이 카리스마가 권위주의적 리더십으로 나타날 때 그것은 지속성을 담보할 수 없습니다. 카리스마는 강한 인성을 의미하는 것이 아니라 그 인격에서 우러나오는 아우라를 의미합니다. 그리고 그 카리스마가 자유 공화 민주의 원리에 부합하는 지혜로운 권력 운용과 결합될 때 우리는 자유민주주의하에서 최선의 리더십을 발견하게 됩니다.

링컨의 리더십이 그 모범적 사례가 될 것입니다. 그는 평소 농담을 즐기고 이야기를 재미있게 잘하는 탁월한 이야기꾼이었습니다. 그는 동료 정치인들로부터 놀림의 대상이 되기도 했고 정적으로부터 인신공격을 받기도 했지만, 참을성이 남달랐고, 카리스마 넘치는 스트롱맨의 이미지와는 거리가 멀었던 인물입니다.

하지만 그는 노예제 폐지 문제로 미연방 자체가 와해될 수 있는 국가적 대위기 속에서 노예 해방과 연방 유지의 역사적 과업을 이루어, 오늘의 미국 역사에서 가장 중요한 토대를 닦았습니다. 오늘 우리의 관점에서 가장 배워야 할 점은 그가 연방 해체의 위기 속에서 강력한 국가 리더십을 '팀플레이에 의한 권력 운용'을 통해 구축할 수 있었다는 것입니다.

링컨이 대통령이 되었을 때 노예제 폐지 문제를 둘러싸고 나라가 양분되어 극심한 정쟁이 거듭되고 나아가 전쟁 분위기가 점점 더 강해지고 있었습니다. 이 국면에서 가장 중요한 과제는 정치적 분열의 요소를 최소화하고 국민통합의 기반을 만드는 일이었습니다.

그는 공화당 대통령 경선 당시 선두주자였던 윌리엄 수어드(William Seward)를 국무장관으로 임명해 자신의 가장 중요한 정치적 파트너이자 참모로 만들었습니다. 또한 경선 초기에 자신보다 앞섰고 출신 지역이 달랐던 새먼 체이스(Salmon Chase)와 에드워드 베이츠(Edward Bates)를 각각 재무장관과 장래의 법무장관역(법무부는 1870년에 창설)에 임명했습니다. 나아가 민주당 대통령 경선 주자였던 에드윈 스탠턴(Edwin Stanton)을 전쟁부장관으로 끌어들이기까지 했습니다.

그의 내각은 정치적으로만 보면 '정치적 라이벌과들의 동행'이었습니다. 7명의 장관 중 4명이 공화당 내 경쟁자였고, 3명은 민주당 인사들이었습니다. 링컨은 "조국이 매우 위험한 상태로 접어들고 있고, 지금이야말로 능력 있는 사람들의 협력이 절실한 때'라는 말로 자신의 탕평 인사를 설명했습니다.

링컨을 정치 경험이 부족한 시골뜨기 정도로 인식했던 그의 정치적 라이벌들은 시간이 지날수록 한 팀이 되었고, 링컨을 진심으로 존경하게 되었습니다. 자신의 정치적 반대자조차도 끌어들여 자기편으로 만드는 권력 운용이야말로 공화주의 정치의 묘미이고 다원적 민주주의 체제가 내재적으로 요구하는 바입니다.

중요한 것은 링컨이 이 라이벌들의 내각을 이끌면서 끊임없이 소통을 통해 의사결정을 했다는 점입니다. 대통령제는 변형된 왕정과 비슷해서 대통령과 내각의 의사소통은 개별적으로 되거나 수직적으로 되는 것이 보통입니다. 따라서 의사결정은 대통령과 내각 구성원 전체의 집합적 의사결정이 아니라 대통령 개인의 성향, 취향, 판단, 견해에 따른 개인적 의사결정이 되기 쉽습니다. 여기에서 독단까지는 거리가 멀지 않습니다.

하지만 그는 회의의 주재자라는 '프레지던트' 그 고유의 어원을 가장 모범적으로 실천했고, 남북전쟁 승리까지 원톱 스타플레이어가 아니라 다수의 팀플레이를 통해 연방을 지켰습니다. 노예 해방 이후에도 통합의 정신을 발휘해 내전을 항구적으로 종식시키고 국민 통합을 이루어낼 수 있었습니다.[5]

우리의 반성은 이런 역사적 교훈에 기초해 이루어져야 합니다. 역사는 우리 모두를 벌하는 것이 아니라 역사의 교훈으로부터 배우지 못하는 사람을 벌합니다. 우리는 여전히 누구를 대통령으로 만들 것인가에만 집중하지, 그 대통령이 어떻게 권력을 운용해야 하는가에 대해서는 관심을 상대적으로 덜 갖습니다.

---

5 영국의 처칠도 링컨만큼 좋은 예입니다. 그는 불굴의 용기와 결의, 탁월한 웅변으로 제2차 세계대전을 승전으로 이끈 카리스마적 리더였지만, 내각과 그 구성원들에게 확고한 신뢰를 보였고 개별 장관들의 권리와 자율성을 지지했습니다. 심지어 대외 정책 분야는 자신도 방대한 전문 지식을 가졌음에도, 앤서니 이든(Anthony Eden) 외무장관에게 큰 자율권을 부여했습니다. 처칠이 "앤서니는 나에게 아무것도 말해주지 않아요. 외교 문제에서 나를 제외시키고, 그것을 독자적으로 다룹니다"라고 불평했을 정도라고 하니 이든 장관이 얼마나 큰 자율권을 가졌는지 알 수 있습니다.

우리는 여전히 대통령을 '의제된 왕'으로 생각하는 경향이 있습니다.

보수 정당은 헌법 가치를 충실히 따르는 정당입니다. 자유 민주 공화의 헌법 정신을 우리는 충실히 지키고 있는가, 그것을 오롯이 발전시키는 데 우리는 얼마나 기여했는가를 항상 반성의 기준점으로 삼아야 합니다. 특히 공화의 정신을 강조하고 싶습니다. 그것은 권력의 독단과 남용을 경계하고 공적 가치에 의한 절제된 권력 운용을 원리로 삼고 있습니다. 아쉽게도 우리는 우리가 만든 정권들에서 이런 모습을 충분히 보여주지 못했습니다. 대통령과 그 주변의 이너서클 멤버에 의해 운용되는 협소한 권력이 늘 문제를 낳았고, 비극의 씨앗이 되었습니다.

지금이야말로 자유 민주 공화의 원리에 부합하는 리더십을 세워야 할 때입니다. 강한 사람의 리더십이 아니라 힘이 모여져 강한 리더십을 구축할 때입니다. 전환기의 국제질서 속에서 불확실하고 흔들리는 국가 리더십이 아닌 명확한 입지와 방향을 갖는 리더십을 세우려면, 이 혁신의 시대에 수박 겉핥기식의 혁신이 아닌 혁신의 파동을 일으키는 혁신의 리더십을 발휘하려면, 수도권 일극체제와 중앙집권적 관료체제의 수직적 질서에 갇힌 리더십이 아닌 혁신균형발전을 도모하는 수평적 질서로 전환

하는 리더십을 창출하려면, 그리하여 포퓰리즘의 유혹에 휘둘리는 것이 아닌 자유와 평등의 조화를 꾀하면서 국민들을 행복 국가의 길로 인도하는 리더십을 보려면, 개인의 권력이 강한 것이 아니라 시스템으로서의 권력이 강함을 보여줄 수 있어야 합니다.

지금 우리나라에 꼭 필요한 것이 링컨형 합작 리더십(collaborative leadership)입니다. 팀플레이에 의해 운동장을 넓게 쓰는 권력 운용이 꼭 필요합니다. 동아시아 문명에서 이상적인 리더상은 전통적으로 '만기친람(萬機親覽)'형 리더였습니다. 좋은 군주라면 만사를 다 들여다보고 직접 챙겨야 한다는 이 리더상은 우리 정치에도 반영되어 역대 대한민국의 대통령도 만기친람형인 경우가 많았습니다.

하지만 '만(萬)'이라는 숫자는 더 이상 세상의 모든 일을 다 가리킬 수 없게 되었습니다. 지금은 만 가지보다 훨씬 더 많은 일이 일어나고, 또 그 일들의 복잡성은 이루 말할 수가 없습니다. 우리가 살고 있는 세계는 고도로 전문화된 세계이며, 무수한 구성요소들이 복합적으로 얽혀 있는 복잡계입니다. 아무리 명석한 지도자라도 국정의 모든 사안에 대해 충분한 전문 지식을 쌓고 올바른 해답을 낼 수가 없습니다. 만기친람은 이제 가능하지도,

바람직하지도 않습니다.

팀플레이를 해야 할 이유가 여기 있습니다. 총리나 장관을 부리는 사람들이 아니라 자신의 분야에서의 개혁자/혁신자로 역할을 부여해주어야 합니다. 국정의 큰 방향에서 주어지는 분야별 과제를 완수하는 책임자이자 전체 국정의 동반자로 역할을 넓히고 존중해주어야 합니다. 이런 차원에서 자유 민주 공화에 충실한 권력을 만들고자 하는 세력은 과거의 반성을 토대로 선제적으로 이 팀플레이에 의한 합작형 국정 운영을 천명하고 협업을 이끌어낼 필요가 있습니다.

이제는 합작 리더십을 공론화하고 이것에 공감하는 정치세력이 이것을 중심 의제로 삼아 공감대를 넓혀야 할 때입니다. 말로만 타협과 합의의 정치문화를 강조할 것이 아니라, 합작을 이끌 지혜와 이를 실천할 용기 있는 탁월한 리더십을 함께 만들어가야 합니다.

미래세대에게
어떤 나라를
물려줄 것인가?

한국의 보수는 한국 현대사의 성취와 굴곡을 모두 껴안고 여기까지 왔습니다. 한국의 보수는 과거를 지키는 보수로서보다는 새로운 미래를 여는 보수의 모습을 통해 역사에 기여해 왔습니다.

대한민국 보수 지도자의 기원을 이승만으로 본다면 그는 혁명가에 가까운 사람이었습니다. 이승만 대통령은 일생을 식민지 해방을 위해 싸운 투사이지만, 뛰어난 지식인이었습니다. 세계를 움직인 서양 지도자들 못지않게 세계정세에 밝았고 공산화로 거의 기울어진 운동장에서 자유민주주의 대한민국을 만들어내었습니다. 토지개혁을 통해 근대의 기반을 닦았고, 애치슨라인 밖에 있었던 한국을 그 안으로 편입시켜 공산 침략을 유엔의 힘으로 막게 했습니다. 주저하는 미국으로부터 기어코 한미상호방위 조약을 끌어내 강력한 한미동맹을 구축함으로써 이후 대한민국 발전의 토대를 닦았습니다. 이승만 대통령이 과거에 머무르고자 했다면, 진취성이 없었다면 오늘의 대한민국은 없었을 것입니다. 그의 독단적 국가 운영의 과가 그의 공을 덮을 수는 없습니다.

박정희 역시 진취적인 지도자입니다. 오늘의 번영을 이끈 산업화 과정에서 보여준 리더십은 진취성을 여과 없이 보여줍니다. 그의 통치가 민주주의의 발전을 가로막은 과를 포함하고 있지만 대한민국의 발전 신화를 만든 그의 공을 무색하게 할 수는 없습니다.

김영삼 역시 진취적인 지도자입니다. 그는 자유민주주의를 신봉하는 굳건한 보수주의자이지만 그의 불굴의 투쟁 정신은 한국의 민주화에 뚜렷한 족적을 남겼고, 그의 금융실명제 개혁과 하나회 척결은 보수개혁가로서의 면모를 뚜렷이 보여줍니다. 세계화와 정보화도 한국을 산업 강국 IT 강국으로 만든 진취적 전략이었습니다. IMF 위기를 초래한 책임이 대한민국 역사에 대한 그의 기여를 가릴 수는 없습니다.

한국의 보수는 보수의 뿌리가 되는 역사적 지도자의 공과를 성찰하면서, 대한민국의 역사를 만들어온 주역으로서의 자부심을 견지하는 가운데, 진취적 혁신적 보수의 전통을 이어가고 새로 만들어가야 합니다.

역사적 굴곡 속에서도 대한민국의 보수가 지키고 발전시키려 하는 가치는 대한민국 헌법의 정신, 곧 자유 민주 공화의 이념입니다. 그것은 개인의 자유를 침해하지 않고 신장하는 것을 최상의 가치로 삼으면서, 법치와 삼권분립에 의해 뒷받침되는 의회민주주의를 기둥으로 삼고, 권력자가 주인이 아니라 국민이 주인이 되도록 절제와 자기 제한적 권력 운용의 미덕을 발휘하자는 것입니다. 한마디로, 민주주의를 끌어안은 자유공화주의입니다. 이러한 3대 이념은 자유로운 시장경제와 다원적 시민사회를 통해 만개할 수 있습니다. 이 모든 것의 궁극적 지향점은 부강한 국가에서 사는 국민의 행복입니다.

한국의 보수는 이러한 헌법적 가치를 실현하고 더욱 발전시키는 길을 걸어왔고, 또 걸어야 합니다. 물론 역사가 클린룸이 아니기 때문에 보수의 역사에는 과오도 있고 얼룩도 있습니다. 하지만 이를 반성하고 쇄신을 통해 헌법 정신의 올바른 트랙으로 복귀하곤 했습니다.

우리는 이 올바른 트랙에 우리 미래세대가 올라서도록 하는 데 최선을 다해야 합니다. 대한민국은 지난 5000년간 한반도에서 세워진 나라 중 정치적으로 가장 자유롭고 경제적으로 가장 번영하는 나라입니다. 경제적으로 10대 강국이 되었고, 외교력 군사력에서도 G20에 속하는 10대 군사대국입니다.

하지만 지금 대한민국은 안으로는 저성장, 초저출생, 격차 확대로 발전의 신화가 끊길 위기에 있고, 대외적으로는 미중 패권 경쟁의 와중에 지구상 가장 비정상적인 체제인 북한의 핵무기 위협에 그대로 노출되어 있습니다. 이것이 탁월한 리더십의 구축이 어느 때보다 절실한 이유입니다.

우리가 민주당을 불안하고 위험하다고 보는 이유는 분명합니다. 우선 그들이 추구하는 이념이 무엇인지 우리는 잘 알지 못합니다. 자유민주주의인지, 사회민주주의인지, 사회주의인지 그때그때 다르고, 대북 인식에서는 좋게 보면 낭만주의적이고 나쁘게 보면 주사파적 감성에서 벗어나지 못하고 있습니다. 대외관계에서는 반미 정서와 한미동맹 중시가 교차하고 대중 편향적 인식을 곳곳에서 드러냅니다.

이는 민주화 이후 민주당이 한 번도 자신의 이념을 세우기 위한 치열한 논의와 논쟁을 거친 적이 없었고, 따라서 분명한 자기 이념 없이 권력 잡기를 위한 경쟁에만 매몰되어 있었기 때문입니다. '이념의 결핍, 선동의 과잉'은 그들의 체질이 되었습니다. 그래서 지금의 민주당과 그 외곽 세력은 자유민주주의자들부터 주사파까지 폭넓은 스펙트럼을 구성하면서 '진보 세력'을 자처하고 있습니다.

최근 나오고 있는 '먹사니즘', '실용주의', '중도보수 자처' 등은 모두 '이념 결핍'을 가리기 위한 방편일 뿐입니다. 실용주의는 '그 때그때 달라요'가 아니라 이념적 원칙을 지키면서 방법으로서 채택되는 것일 때 의미가 있는 것입니다. 그것이 아니라면 실용주의는 기회주의의 다른 이름일 뿐입니다. 민주당의 몰 이념에 대해 보수의 선택은 명확합니다.

그 선택은 대한민국 그 자체입니다. 자유 민주 공화의 큰길로 계속 나아가는 것입니다. 그 목적지는 행복국가 대한민국, 다시 태어나도 살고 싶은 대한민국입니다. 선혈과 상처 속에서 성공의 신화를 써온 대한민국이 이제 한 번 더 일어서야 할 때입니다. 이 마법의 열쇠를 가진 리더십을 시대는 요구하고 있습니다. 이를 위해 이 땅의 자유공화주의자들은 다시 분투해야 합니다. 권력자가 주인인 나라가 아니라 국민이 주인인 나라의 외길로 우리는 나아가야 합니다.

에필로그

개헌에 대하여

개헌은 이제 시대의 대세가 되었습니다. 여야를 막론하고, 현재의 정치 위기를 구조개혁의 계기로 삼고 2025년을 한국 정치의 신기원을 여는 해로 만들어야 한다는 목소리가 크게 높아졌습니다. 87년 체제를 만들었던 헌법상의 정치구조가 현실에서 많은 제약과 문제를 낳아 왔다는 것은 지난 38년간의 역사적 경험에서 충분히 입증되었습니다.

87년 체제라는 말은 제가 학계에서 처음으로 써서 일반화된 개념입니다. 그것은 대한민국의 현대사를 국가 건설, 권위주의적 발전국가, 그리고 민주적 발전국가체제로 정식화하면서, 그 각 체제의 내용을 규정한 새 헌법을 48년, 63년, 87년에 공표했다는 의미에서 48년 체제, 63년 체제, 87년 체제로 명명한 것입니다. 이 87년 체제를 넘어선 국가 기획이 필요하다는 주장을 저는 오래전부터 해왔습니다.

정치는 국민들의 의사를 결정하는 방식이고, 권력은 그 의사 결정을 집행하는 수단입니다. 자유 민주 공화라는 헌법의 기본 정신과 원리에 현실의 정치제도와 권력구조가 올바로 부합하지 못하고, 시대의 변화에 적응하지 못하는 요소들을 갖고 있다면 우리는 그것을 개선하는 데 인색할 필요가 없습니다. 자유 민주 공화는 고정되어 있는 이념이 아니라 진화하는 이념입니다. 국제질서, 경제, 과학기술, 사회 구조와 환경 등이 변화하고 그에 따라 제기되는 변화와 개혁의 과제들이 헌법상 정치제도와 권력구조의 제약 때문에 발목 잡히고 있다면 이를 풀어내야 하는 것입니다.

개헌 논의의 핵심은 결국 대한민국의 거버넌스 체제 개혁에 있습니다. 87년 체제 하에서 한국 정치는 1) 대통령 권력의 남용과 입법 권력의 남용을 반복해 왔고, 2) 이 과정에서 국민 합의와 통합의 길이 아니라 국민 분열과 갈등의 길을 넓혀 왔으며, 3) 미래의 길을 여는 리더십과 생산적 정치보다는 미래의 발목을 잡는 기득권 안주 리더십과 비생산적 정치를 확대재생산해 왔습니다. 이를 해소하는 개헌이 필요한 것입니다.

저는 그 핵심을 두 가지라고 봅니다. 하나는 5년 단임제와 선거 주기의 비정합성을 고치는 것이고, 다른 하나는 과도한 중앙집권형 수직적 질서를 지방분권형 수평적 질서로 바꾸는 것입니다. 87년 헌법에서 마련한 5년 단임제는 장기집권을 막는 데만 초점이 맞춰져 있었습니다. 그래서 4년은 너무 짧고 6년은 너무 길다는 감성적 접근으로 5년 단임제를 결정했습니다. 이 5년 단임제가 상대의 실패를 유도해 권력을 잡는 정쟁의 정치를 일상화하는 조건이 되었고, 대선 총선 지방선거의 시기가 맞지 않아 거의 매년 전국 선거가 일어나 선거 공화국이 되도록 만들었습니다.

이로 인해 국가 미래를 개척하는 생산적인 정치적 의사결정이 가로막히고 정쟁의 정치 구도가 확대 재생산되었습니다. 정치는 오로지 대통령 권력을 차지하기 위한 정쟁의 장으로 변질되었습니다. 그에 따라 행정 권력과 입법 권력의 과잉 충돌은 일상이 되었습니다. 제왕적 대통령제와 제왕적 입법부가 대립할 때 상황은 최악이 됩니다. 이 권력구조를 타협과 합의, 그리고 합작을 가능하게 하는 정치구조로 바꾸는 것이 필요합니다.

특히 수도권 일극 체제의 폐해를 넘어서려는 관점이 개헌 논의 안에 들어가야 합니다. 대한민국이 장기 침체에 빠지지 않고, 디지털 전환의 혁신 시대에 부응하고, 초저출생과 불평등 문제를 해결하려면 각 지역이 혁신의 주체가 되고, 사회의 다원적 주체들이 새로운 혁신 공간을 끊임없이 창출할 수 있도록 해야 합니다. 발전국가의 오랜 전통인 중앙집권적 관료적 수직형 지배 질서를 지방분권형 민관협력형 수평적 지배 질서로 바꾸어야 합니다. 이를 통해 혁신균형발전을 이끄는 지방분권형 개헌이 필요합니다.

그래서 이제 개헌이 정치 일정에 오른다면 개헌은 '이중 분권'을 구현하는 방법으로 이루어져야 합니다. 그 하나는 대통령에게 집중된 권력을 대통령과 내각이 나누어 갖도록 하면서 내각과 입법부가 보다 유기적이고 생산적으로 연결될 수 있도록 하는 방향입니다. 다른 하나는 중앙집중 권력을 광역 또는 초광역 단위의 지방으로 과감하게 분권화해 지방의 자율성을 강화하는 한편 지역의 의견이 중앙의 의사결정에 더 적극적으로 반영될 수 있도록 제도화하는 방향입니다.

그 구체적인 내용에 대해서는 이미 국회개헌자문위의 안을 포함해 여러 안들이 제출되어 있기 때문에 개헌 원칙에만 합의

한다면 조율해서 합의안을 만드는 것은 어려운 일이 아닙니다. 다만 개헌의 범위를 너무 확대하면 합의 자체가 힘들기 때문에 모든 문제를 다 포괄하려 하지 말고 정치와 권력구조 개혁의 핵심 의제인 '이중 분권'에 초점을 맞춰야 할 것입니다.

가장 현실적인 문제는 만들어진 안을 어떻게 정치적으로 관철시킬 것인가 하는 것입니다. 가장 확실한 방법은 새로운 헌법의 실행 시기를 현재의 대권주자들과 정당들의 이해관계를 넘어 설정하는 것입니다. 세 가지 방법이 있습니다. 새 헌법의 실행 시기를 26년 지방선거에 맞추는 방법, 28년 국회의원 선거에 맞추는 방법, 30년 지방선거에 맞추는 방법 등입니다.

조기 대선이 이루어진다면 차기 대통령이 임기를 단축하고 28년 실행안을 만들어 지방선거에 국민투표를 붙이고 28년부터 새 헌법을 실행할 수 있습니다. 조기 대선이 없다면 대통령의 결단으로 2026년 지방선거부터 실행할 개헌안을 만들어 실행하거나 2030년부터 대통령 선거와 지방선거를 일치시키는 방향으로 실행할 수 있습니다. 그 어떤 것이 되었든 개헌은 미래를 위한 선택 사항이 아니라 필수 요건입니다.